Steiner/Mittländer/Fischer (Hrsg.)

Betriebsvereinbarung

Grundwissen für neue Betriebsratsmitglieder

Band 7

AUF DEN PUNKT

In der Reihe *Auf den Punkt* erscheinen 8 Bände mit *Grundwissen für neue Betriebsratsmitglieder*:

Band 1 Mitbestimmung
Band 2 Betriebsratssitzung und Beschlussfassung
Band 3 Betriebsversammlung
Band 4 Rechte und Pflichten als Betriebsratsmitglied
Band 5 Einigungsstelle und Arbeitsgericht
Band 6 Einführung in das Arbeitsrecht
Band 7 Betriebsvereinbarung
Band 8 Das Einmaleins der Betriebswirtschaft

Mit Online-Quiz unter
www.bund-verlag.de/Einsteiger-Quiz

Außerdem sind in der Reihe *Auf den Punkt* erschienen:

Michael Bachner (Hrsg.): BetrVG für den Betriebsrat
Christopher Koll / Maike Koll: Lexikon für den Betriebsrat

Steiner/Mittländer/Fischer (Hrsg.)

Betriebsvereinbarung

Grundwissen für neue Betriebsrats-mitglieder

Band 7

Autorin: Silvia Mittländer

3., aktualisierte Auflage

BUND
VERLAG

Bibliografische Information der Deutschen Nationalbibliothek
Die Deutsche Nationalbibliothek verzeichnet diese Publikation in der Deutschen Nationalbibliografie; detaillierte bibliografische Daten sind im Internet über *http://dnb.d-nb.de* abrufbar.

3., aktualisierte Auflage 2026

Umschlag: felixschramm Visuelle Kommunikation, Großostheim
Satz: Dörlemann Satz, Lemförde
Druck: CPI books GmbH, Birkstraße 10, 25917 Leck

ISBN 978-3-7663-7597-1

kontakt@bund-verlag.de
www.bund-verlag.de

Inhaltsverzeichnis

Abkürzungsverzeichnis

Abs.	Absatz
AG	Aktiengesellschaft
AGG	Allgemeines Gleichbehandlungsgesetz
Art.	Artikel
AT	außertariflich
BAG	Bundesarbeitsgericht
BDSG	Bundesdatenschutzgesetz
BetrVG	Betriebsverfassungsgesetz
BGB	Bürgerliches Gesetzbuch
d. h.	das heißt
DV	Datenverarbeitung
EU-DSGVO	Datenschutz-Grundverordnung der EU
f.	folgende
ff.	fortfolgende
GG	Grundgesetz
GmbH	Gesellschaft mit beschränkter Haftung
Hrsg.	Herausgeber
i. S. d.	im Sinne des
IT	Informationstechnik
Nr.	Nummer
Rn.	Randnummer

Abkürzungsverzeichnis

u. a.	unter anderem
z. B.	zum Beispiel

I. Einführung

»Das steht doch in der Betriebsvereinbarung!« oder »Dazu haben wir bei uns eine Betriebsvereinbarung.« Das sind Sätze, die hört man immer wieder in den Betrieben. Sie werden von Beschäftigten und auch von Betriebsratsmitgliedern benutzt. Meistens stimmen sie auch. Trotzdem ist es so, dass vielen nicht bekannt ist, was eine Betriebsvereinbarung überhaupt ist, wie sie zustande kommt, wer sie abschließt und wie sie wirkt. Die Betriebsvereinbarung ist die wichtigste Form der Einigung zwischen dem Betriebsrat und dem Arbeitgeber.[1] Eine Einigung steht in der Regel am Ende von Gesprächen und Verhandlungen, die häufig ein hartes Stück Arbeit und immer ein Kompromiss sind. Damit ist die Betriebsvereinbarung ein wichtiges Instrument für den Betriebsrat, sein Mitbestimmungsrecht auszuüben und zu gestalten. Mit einer Betriebsvereinbarung können Betriebsräte Regelungen über Arbeitsbedingungen schaffen, die in ihrem Betrieb gelten. Daher ist es wichtig, die Regelungen über das Zustandekommen, über die Wirkung und über die Reichweite der Regelungsmöglichkeiten zu kennen. Wichtig zu wissen ist ebenso, ob und wie eine Betriebsvereinbarung enden kann und was nach deren Beendigung mit den dort festgeschriebenen Regelungen passiert. Die Antworten auf alle diese Fragen ergeben sich aus § 77 Betriebsverfassungsgesetz (BetrVG), der schon in seiner Überschrift auf die Betriebsvereinbarung hinweist. Gemessen an anderen Regelungen hat der § 77 BetrVG keinen langen oder schwierigen Text, und doch enthält er viele Einzelheiten, die erklärt und verstanden werden müssen. Diese Broschüre gibt einen Überblick über die rechtlichen Regelungen rund um die Betriebsvereinbarung. Gleichzeitig will sie praktische Tipps geben, wie ein Betriebsrat erfolgreich Verhandlungen zu einer Betriebsvereinbarung vorbereiten und führen kann sowie worauf er bei Abschluss einer Betriebsvereinbarung unbedingt achten soll, damit keine unwirksamen Regelungen entstehen.

1 In diesem Werk wird der Einfachheit halber nur die männliche Form verwendet. Die Form schließt selbstverständlich alle Geschlechter mit ein.

Die vorliegende dritte Auflage berücksichtigt die seit der letzten Auflage neu ergangene Rechtsprechung der Arbeitsgerichtsbarkeit und bildet die seit 2021 geltende Rechtslage ab. Ziel des vorliegenden Bands bleibt dabei, einen Überblick über die Regelungen zur Betriebsvereinbarung und ihre Wirkung zu geben, damit Betriebsräte gerüstet sind, solche gut zu verhandeln, um so die Arbeitsbedingungen im Betrieb zum Wohl der Beschäftigten zu beeinflussen und mitzugestalten.

II. Was ist eine Betriebsvereinbarung und wie kommt sie zustande?

Was eine Betriebsvereinbarung ist, ergibt sich aus § 77 Abs. 2 BetrVG. Um das zu erklären, lohnt es sich, einen Blick in diese gesetzliche Vorschrift zu werfen. Dort heißt es im ersten Satz:

Merkliste zum Zustandekommen auf Seite 77

»Betriebsvereinbarungen sind von Betriebsrat und Arbeitgeber gemeinsam zu beschließen und schriftlich niederzulegen.«

1. Die Einigung zwischen den Betriebsparteien

Die Betriebsvereinbarung als Vertrag

Eine Betriebsvereinbarung setzt also eine **Einigung** zwischen Betriebsrat und Arbeitgeber voraus. Es müssen also zwei übereinstimmende Willenserklärungen – eine vom Betriebsrat und eine vom Arbeitgeber – über den Inhalt der Betriebsvereinbarung vorliegen. Beide Betriebsparteien (also Betriebsrat und Arbeitgeber) müssen mit dem ausgehandelten Ergebnis vollständig einverstanden sein. Die Betriebsvereinbarung ist damit ein **Vertrag** zwischen dem Betriebsrat und dem Arbeitgeber.[2]

Der Gesetzestext spricht davon, dass Betriebsrat und Arbeitgeber *»gemeinsam beschließen müssen«*. Daraus könnte man den Rückschluss ziehen, dass das gesamte Betriebsratsgremium gemeinsam mit dem Arbeitgeber eine Sitzung abhalten muss, um einen gemeinsamen Beschluss herbeizuführen. So ist es aber keineswegs. Beide Betriebsparteien müssen **jeweils für sich** die Entscheidung zur positiven Zustimmung nach den für sie jeweils geltenden Regeln herbeiführen.

Votum der Belegschaft nicht bindend

Das Bundesarbeitsgericht hat mehrfach betont, dass die Betriebsvereinbarung ein Vertrag, also eine Vereinbarung zwischen Betriebsrat und Arbeitgeber ist. Daher darf das Zustandekommen einer Betriebsvereinbarung nicht von der vorherigen Zustimmung der Belegschaft abhängig

2 So die ständige Rechtsprechung des BAG, z. B. 13. 2. 2007 – 1 AZR 184/06.

gemacht werden.[3] In dem vom Bundesarbeitsgericht entschiedenen Fall hatten die Betriebsparteien eine Vereinbarung über die Veränderung der variablen Vergütung getroffen. Weiter hatten die Betriebsparteien verabredet, dass die neuen Regelungen nur in Kraft treten werden, wenn 80 % der Belegschaft diese Veränderungen durch Unterzeichnung eines Änderungsvertrags akzeptieren. Dieser Vorbehalt führt(e) zur Unwirksamkeit der gesamten Betriebsvereinbarung. Denn – so das Bundesarbeitsgericht – der Betriebsrat ist Repräsentant der Belegschaft und tritt daher als eigenständiges Organ gegenüber dem Arbeitgeber auf, und zwar im eigenen Namen. Sein Handeln unterliegt damit nicht der Zustimmung der Belegschaft, so dass es unzulässig ist, in die Betriebsvereinbarung selbst Regelungen aufzunehmen, die eine solche Zustimmung vorsehen. Selbstverständlich kann und soll sich der Betriebsrat stets überlegen, ob die Belegschaft die ausgehandelten Regelungen akzeptieren wird, denn er regelt schlussendlich deren Arbeitsbedingungen. Es ist deshalb sein gutes Recht, mit der Belegschaft über die Verhandlungsstände zu kommunizieren und sich auszutauschen, etwa im Wege von Mitarbeiterbefragungen oder auf der Betriebsversammlung. Nicht zulässig ist jedoch, in den Text der Betriebsvereinbarung eine Bedingung aufzunehmen, wonach das Votum der Belegschaft Voraussetzung für deren Inkrafttreten ist.

a. Entscheidung des Arbeitgebers

Der Arbeitgeber hat seine Entscheidung über den Abschluss einer Betriebsvereinbarung im Rahmen der für ihn bestehenden Regelungen zu treffen, d. h. der unternehmenseigene Entscheidungsprozess und die hier festgelegten Verantwortlichkeiten sind einzuhalten. Welche das sind, ergibt sich aus dem jeweiligen Gesellschaftsvertrag und den gültigen Kompetenz- und Unterschriftsregelungen.

> **Beispiel:**
> Bei einer GmbH sind die Entscheidungsträger der oder die Geschäftsführer. Gibt es mehrere Geschäftsführer, so kommt es auf den Gesellschaftsvertrag an, ob alle gemeinsam zustimmen müssen oder ob es einzelne Fragen und Themen gibt, die ein Geschäftsführer allein entscheiden kann. Sind mehrere Geschäftsführer nur gemeinsam berechtigt, eine Entscheidung zu treffen, sieht der Gesellschaftsvertrag vielleicht sogar eine bestimmte Form der Abstimmung vor. Diese muss dann eingehalten werden.

3 BAG 28.7.2020 – 1 ABR 4/19.

Diese internen Kompetenz- und Unterschriftsregelungen, die auf der Arbeitgeberseite gelten, muss der Betriebsrat kennen, damit er sicher sein kann, dass die Zustimmung zu dem in den Verhandlungen gefundenen Ergebnis von der richtigen oder den richtigen Personen auf Arbeitgeberseite erteilt wurde. Kennt der Betriebsrat diese nicht und hat er auch die erforderlichen Unterlagen nicht, um dies prüfen zu können, steht ihm diesbezüglich ein Informationsanspruch gestützt auf § 80 Abs. 2 Satz 1 und Satz 2 BetrVG zu.

b. Beschlussfassung durch den Betriebsrat

Die Willensbildung durch den Betriebsrat erfolgt nach den Regelungen über die im BetrVG vorgesehene Form. Das ist nach § 33 BetrVG immer ein Beschluss des **gesamten Gremiums**. Das bedeutet, dass das Ergebnis der Verhandlung und der Text der abzuschließenden Betriebsvereinbarung immer auf einer Sitzung des Betriebsrats behandelt und beraten werden muss. Ferner muss ein Beschluss mit der Mehrheit der Stimmen der anwesenden Betriebsratsmitglieder gefasst werden, der die Zustimmung zum Abschluss der Betriebsvereinbarung zum Inhalt haben muss. Zu dieser Sitzung muss rechtzeitig eingeladen worden sein. Ferner muss die Beratung und Beschlussfassung auf der Tagesordnung stehen (§ 29 BetrVG).

Näheres zu den Formalien der Betriebsratssitzung in Band 2[4]

Um eine Betriebsvereinbarung wirksam, also rechtsgültig, abzuschließen, muss der Betriebsrat über deren Inhalt und den Text einen Beschluss fassen.

Wichtig hierbei ist zu wissen, dass die Beschlussfassung durch das gesamte Betriebsratsgremium erfolgen muss. Es genügt nicht, wenn der Betriebsausschuss oder ein anderer Ausschuss der Betriebsvereinbarung zustimmt. Die Beschlussfassung über eine Betriebsvereinbarung hat der Gesetzgeber dem gesamten Gremium übertragen. Dies ergibt sich aus § 27 Abs. 2 Satz 2 BetrVG und § 28 Abs. 1 Satz 3 letzter Halbsatz BetrVG. Das bedeutet gleichzeitig, dass auch durch eine Geschäftsordnung die Befugnis zur Beschlussfassung über eine Betriebsvereinbarung nicht auf den Betriebs- oder anderen Ausschuss übertragen werden darf.[5]
Da der Arbeitgeber an der Beschlussfassung über die Zustimmung zur Betriebsvereinbarung nicht teilnimmt, hat er das Recht, vom Betriebsrat

4 In der Reihe »Auf den Punkt – Grundwissen für neue Betriebsratsmitglieder« sind insgesamt 8 Bände erschienen (Näheres auf Seite 2).
5 BAG 15.8.2012 – 7 ABR 16/11.

einen Protokollauszug über diese Beschlussfassung zu erhalten. Verlangt der Arbeitgeber diesen zeitnah, so hat der Betriebsrat ihm den Protokollauszug ausnahmsweise zu übergeben.[6] Ausnahmsweise deshalb, weil der Arbeitgeber gem. § 34 Abs. 2 BetrVG üblicherweise nur bei eigener Teilnahme an der Sitzung Anspruch auf einen entsprechenden Protokollauszug hat. Dieses darüberhinausgehende Auskunftsrecht des Arbeitgebers soll es diesem ermöglichen, sich im Falle von rechtlichen Auseinandersetzungen über Ansprüche aus der Betriebsvereinbarung ohne Hilfe des Betriebsrats verteidigen zu können.

2. Das Zustandekommen der Betriebsvereinbarung durch den Spruch der Einigungsstelle

Das Vorgenannte gilt immer, wenn die Betriebsvereinbarung das Ergebnis von Verhandlungen mit dem Arbeitgeber ist, was regelmäßig der Fall ist. Anders ist es, wenn die Betriebsvereinbarung das Ergebnis eines Spruchs einer Einigungsstelle ist.

Näheres zur Einigungsstelle in Band 5

Begriffserklärung:
Eine Einigungsstelle ist ein besonderes betriebsverfassungsrechtliches Gremium, in dem Betriebsrat und Arbeitgeber gleichberechtigt mit einer gleichen Anzahl von Mitgliedern vertreten sind. Die Vertreter nennt man Beisitzer. Die Einigungsstelle steht unter der Leitung einer oder eines neutralen Vorsitzenden – in der Regel einer Arbeitsrichterin oder eines Arbeitsrichters.

Abstimmung statt Einigung

In der Einigungsstelle werden die im Betrieb zwischen Betriebsrat und Arbeitgeber ergebnislos gebliebenen Verhandlungen zu dem Thema fortgeführt. Ziel ist es, mit Hilfe der oder des Vorsitzenden zu einer Einigung zu kommen. Gelingt auch das nicht, gibt es ein besonderes Abstimmungsverfahren. In der ersten Abstimmungsrunde stimmen nur die vom Betriebsrat und dem Arbeitgeber entsandten Mitglieder der Einigungsstelle, also die Beisitzer, mit. Kommt es zu einem Patt, also zu keiner mehrheitlichen Entscheidung, folgt eine zweite Abstimmungsrunde. In dieser zweiten Abstimmungsrunde stimmt der Vorsitzende dann mit. Er muss

6 BAG 8. 2. 2022 – 1 AZR 233/21.

sich daher entscheiden, für welchen Vorschlag – also dem des Betriebsrats oder dem des Arbeitgebers – er stimmt. Häufig kommt es auch vor, dass der Vorsitzende einen eigenen Vorschlag unterbreitet und zur Abstimmung stellt. Das Ergebnis dieses Abstimmungsverfahrens nennt man **Spruch der Einigungsstelle**. Ein Spruch der Einigungsstelle liegt also immer dann vor, wenn es auch in den Verhandlungen in der Einigungsstelle nicht zu einer Einigung gekommen ist, und entweder eine oder zwei Abstimmungsrunden erforderlich sind, um eine Entscheidung über den Inhalt und den Text der Betriebsvereinbarung zu treffen. Ist die Betriebsvereinbarung also das Ergebnis einer Abstimmung in der Einigungsstelle, dann gibt es gerade keine Einigung zwischen Betriebsrat und Arbeitgeber. Die Betriebsvereinbarung kommt in diesen Fällen nicht durch eine Einigung, sondern durch eine Abstimmung zustande.
Wichtig zu wissen ist, dass nicht jedes betriebsverfassungsrechtliche Thema Gegenstand einer Einigungsstelle und damit eines Spruchs der Einigungsstelle werden kann. Ein Spruch der Einigungsstelle ist nur in den Fällen möglich, in denen das BetrVG dies ausdrücklich vorsieht. Diese Fälle sind die Themen der **echten, erzwingbaren** Mitbestimmung. Also diejenigen, in denen das BetrVG vorsieht, dass der Arbeitgeber nur mit ausdrücklicher Zustimmung des Betriebsrats handeln darf. Der Hauptanwendungsfall sind die Themen der Mitbestimmung in sozialen Angelegenheiten nach § 87 BetrVG. Im Bereich der **freiwilligen** Mitbestimmung ist der Spruch der Einigungsstelle nur möglich, wenn Betriebsrat und Arbeitgeber mit der Einrichtung und Durchführung der Einigungsstelle einverstanden sind und vorher ausdrücklich erklärt haben, den Spruch der Einigungsstelle zu akzeptieren. Das nennt man »sich dem Spruch der Einigungsstelle zu unterwerfen«.

Näheres zu § 87 BetrVG in Kapitel VII auf Seite 45 f. und in Band 1

III. Form der Betriebsvereinbarung

1. Schriftform

Merkliste zur Form auf Seite 77

Liest man den § 77 Abs. 2 BetrVG genau, wird deutlich, dass der Gesetzgeber für die Betriebsvereinbarung eine besondere Form vorgesehen hat. Dort heißt es unter anderem:

»Betriebsvereinbarungen sind von Betriebsrat und Arbeitgeber gemeinsam zu beschließen und schriftlich niederzulegen. Sie sind von beiden Seiten zu unterschreiben.«

Das bedeutet, dass es für das Zustandekommen einer Betriebsvereinbarung unbedingt erforderlich ist, diese **schriftlich** abzuschließen. Was schriftlich bedeutet, ergibt sich aus § 126 BGB. Danach heißt schriftlich die eigenhändige durch Namensunterschrift vorgenommene Unterzeichnung der Betriebsvereinbarung. Das wiederum bedeutet, dass die Betriebsvereinbarung jeweils von der oder dem Vorsitzenden des Betriebsrats oder dessen Stellvertreter einerseits und vom Vertreter des Arbeitgebers eigenhändig unterschrieben werden muss. Dabei müssen beide Unterschriften in **derselben Urkunde** enthalten sein. Es genügt also nicht, dass der Betriebsratsvorsitzende ein Exemplar unterschreibt und der Vertreter des Arbeitgebers ein gleichlautendes weiteres Exemplar.[7] Wie man am Begriff schon erkennen kann: Die Unterschriften müssen am Ende des Textes stehen.
Seit 2021 ist es zudem möglich, eine Betriebsvereinbarung in **elektronischer Form** abzuschließen.

Begriffserklärung:
Bei der elektronischen Form ist die eigenhändige Unterschrift in einem elektronischen Dokument ergänzt durch eine so genannte qualifizierte

7 BAG 21.8.1990 – 3 AZR 422/89.

elektronische Signatur (§ 126a BGB). Die Qualifizierung der Signatur erfolgt nach den Regeln eines besonderen Gesetzes, dem Signaturgesetz.

Elektronische Form

Diese Form des Abschlusses einer Betriebsvereinbarung ist also auch weiterhin nur in den Betrieben möglich, in denen es schon üblich ist, dass auch der Betriebsrat und seine Mitglieder über eine qualifizierte elektronische Signatur verfügen. Die Möglichkeit des Abschlusses in elektronischer Form wurde ausdrücklich in § 77 Abs. 2 Satz 3 BetrVG aufgenommen. Anders als bei anderen privatrechtlichen Verträgen müssen bei Abschluss einer Betriebsvereinbarung die Betriebsparteien – also Arbeitgeber und Betriebsrat – **dasselbe Dokument elektronisch unterzeichnen**. Es genügt also anders als bei anderen Verträgen nicht, dass jede Betriebspartei jeweils ein gleichlautendes Dokument elektronisch signiert. Vielmehr muss die elektronische Signatur beider Betriebsparteien auf ein und demselben Dokument erfolgen.

Die elektronische Form der Unterzeichnung wird daher in absehbarer Zeit mit Blick darauf, dass die technischen Voraussetzungen einer qualifizierten elektronischen Signatur in den Betrieben und vor allem in den Betriebsratsgremien noch nicht weit verbreitet sind, eher die Ausnahme sein. Dort, wo sie verwendet wird, muss unbedingt beachtet werden, dass die qualifizierte elektronische Signatur beider Vertragsparteien auf demselben Dokument erfolgt, anderenfalls ist die Betriebsvereinbarung nicht wirksam zustande gekommen.

Das wechselseitige **Austauschen von E-Mails** zwischen Arbeitgeber und Betriebsrat, mit dem die Einigung dokumentiert werden soll, erfüllt auf keinen Fall die Voraussetzungen des Schriftformerfordernisses, aber auch nicht das der elektronischen Form. Hierauf darf sich der Betriebsrat nicht verlassen, wenn er eine Betriebsvereinbarung abschließen will.

Die Schriftform, aber auch die elektronische Form der Betriebsvereinbarung soll unter anderem sicherstellen, dass den Beschäftigten des Betriebs erkennbar ist, wer diese abgeschlossen hat. Um die Erkennbarkeit der Vertragspartner zu gewährleisten, wurde bei der elektronischen Form abweichend von den allgemein privatrechtlichen Vorschriften die Verpflichtung aufgestellt, dass beide Betriebsparteien auf demselben elektronischen Dokument ihre qualifizierte Signatur anbringen müssen. Bei Betriebsvereinbarungen, die allein zwischen Betriebsrat und Arbeitgeber geschlossen werden, ist es somit relativ leicht, die Erkennbarkeit der Vertragspartner sicherzustellen, denn es gibt nur zwei Vertragspartner.

Mitunterzeichnung durch die Gewerkschaft

Es kommt aber manchmal zu Situationen im Betrieb, in denen neben dem Betriebsrat und dem Arbeitgeber zusätzlich auch die Gewerkschaft –

gelegentlich zudem der Arbeitgeberverband – mit verhandeln und eine Vereinbarung treffen.

> **Beispiel:**
> Im Rahmen von Vereinbarungen zur Beschäftigungssicherung wird eine Überschreitung des im Tarifvertrag vorgesehenen Maximalrahmens von Überstunden für einen bestimmten Zeitraum vereinbart, so dass es vorübergehend für diese keine Zuschläge gibt. Außerdem wird die Grenze des Gleitzeitkontos vorübergehend angehoben. Im Gegenzug verzichtet der Arbeitgeber auf den Ausspruch von betriebsbedingten Kündigungen.

Solche Vereinbarungen sind zulässig, wenn die internen Regelungen, die sich aus der Satzung der jeweiligen Gewerkschaft ergeben, eingehalten werden. Auf der Seite der Beschäftigten unterzeichnen bei solchen Vereinbarungen häufig der Betriebsrat und die Gewerkschaft. Solche Vereinbarungen sind jedoch sowohl ein (Firmen-)Tarifvertrag (denn die Gewerkschaft ändert vorübergehend die tariflichen Regelungen) als auch eine Betriebsvereinbarung. In diesen Fällen genügt es nicht, wenn der Betriebsrat und die Gewerkschaft einfach gemeinsam die Vereinbarung unterzeichnen. Die Unterschriften müssen vielmehr so vorgenommen werden, dass **genau erkennbar** ist, für **welche** Regelungen der Betriebsrat und für welche die Gewerkschaft unterschreibt.[8] Das kann dadurch erfolgen, dass vor der Unterschriftszeile der Gewerkschaft die Regelungen oder Paragrafen genau benannt werden, für die sie unterschreibt. Dann ist eindeutig erkennbar, welche Regelungen vom Betriebsrat als Betriebsvereinbarung und welche von der Gewerkschaft als Tarifvertrag abgeschlossen sind. Dabei ist aber immer zu beachten, dass in solchen Fällen des gleichzeitigen Abschlusses einer Betriebsvereinbarung und eines Tarifvertrags in ein und demselben Dokument der Abschluss in elektronischer Form nicht zulässig ist, denn das Tarifvertragsgesetz lässt nur die Schriftform zu und nicht auch die elektronische Form.

2. Das Herstellen einer einheitlichen Urkunde

Mehrseitige Betriebsvereinbarung

Der Text der meisten Betriebsvereinbarungen ist länger als nur eine Seite. Es muss in allen diesen Fällen sichergestellt werden, dass immer erkennbar ist, wie umfangreich die Betriebsvereinbarung ist und welche Seiten

8 BAG 15.4.2008 – 1 AZR 86/07.

zu ihr gehören. Das wird am besten dadurch erreicht, dass alle Seiten miteinander verbunden werden, etwa indem man das Dokument zusammenheftet. Dadurch entsteht eine **einheitliche Urkunde**. Eine solche **körperliche** Verbindung der Seiten ist jedoch nicht unbedingt notwendig. Es muss also keine einheitliche Urkunde hergestellt werden. Will man eine solche einheitliche Urkunde nicht herstellen, muss unbedingt darauf geachtet werden, dass zweifelsfrei erkennbar ist, welche Seiten zum Text der Betriebsvereinbarung gehören. Das kann durch eine **fortlaufende Nummerierung** der Seiten, eine fortlaufende Nummerierung der einzelnen Regelungen, durch eine einheitliche grafische Gestaltung (z. B. der Verwendung von Kopf- oder Fußzeilen mit dem Titel der Betriebsvereinbarung), durch einen einheitlichen Zusammenhang des Textes oder durch einheitliche vergleichbare Merkmale erfolgen. In allen Fällen muss nicht jede einzelne Seite unterschrieben werden. Die Unterschriften am Ende des Textes der Betriebsvereinbarung genügen in jedem Fall.[9] Allerdings kann durch Anbringen der Namenskürzel der Unterzeichner, das so genannte **Parafieren**, ein Merkmal benutzt werden, aus dem man herleiten kann, dass die jeweilige Seite Teil der Betriebsvereinbarung ist.

3. Das Verwenden von Anlagen

Häufig werden in Betriebsvereinbarungen Anlagen verwendet.

Beispiele:

- Der Text der Betriebsvereinbarung zur Arbeitszeit beschreibt die Schichtabfolge und Schichtpläne. In der Anlage werden sie – vielleicht nur ergänzend – grafisch dargestellt.
- Bei Betriebsvereinbarungen, die die Einführung und Nutzung einer bestimmten Software zum Gegenstand haben, werden häufig die Kataloge der erfassten Daten oder der zugelassen Auswertungsmöglichkeiten in Anlagen beschrieben, statt sie in den Text der Betriebsvereinbarungen aufzunehmen.
- Häufig werden Formulare, auf deren Verwendung sich die Betriebsparteien verständigt haben, nicht im Text der Betriebsvereinbarung aufgenommen, sondern in einer Anlage beschrieben, z. B. bei einer Betriebsvereinbarung über Urlaubsgrundsätze das zur Beantragung des Urlaubs zu nutzende Formular oder das Einladungsschreiben für ein BEM-Gespräch.

9 BAG 11.11.1986 – 3 ABR 74/85.

Anlagen als Teil der Vereinbarung

Bei der Verwendung von Anlagen ist immer darauf zu achten, dass dies in einer Form erfolgt, dass die Anlagen Bestandteil der Betriebsvereinbarung werden. Dies kann auf unterschiedliche Weise erfolgen. Das Sicherste ist es, eine **einheitliche Urkunde** herzustellen und dabei die Anlagen mit der Betriebsvereinbarung zu verbinden – also die Betriebsvereinbarung und die Anlagen gemeinsam zu heften.

Man muss keine einheitliche Urkunde herstellen. Dann muss jedoch dafür Sorge getragen werden, dass die Anlagen ebenfalls durch beide Betriebsparteien **unterschrieben** (oder in elektronischer Form gemeinsam qualifiziert signiert) werden. Darüber hinaus muss der Text der Betriebsvereinbarung auf die Anlagen **verweisen** und umgekehrt auch die Anlagen auf den Text der Betriebsvereinbarung verweisen.[10] Wenn ein solcher Verweis der Anlagen auf den Text der Betriebsvereinbarung fehlt, ist es unbedingt notwendig, dass eindeutig erkennbar ist, zu welcher Betriebsvereinbarung die Anlagen gehören.[11] Das kann z. B. durch die Verwendung einer **Kopf**- oder **Fußzeile** mit dem Titel der Betriebsvereinbarung erfolgen.

4. Die Anzahl der Exemplare

Mindestens zwei Originale

Die Betriebsvereinbarung ist ein Vertrag und es muss eine Urkunde – also ein Schriftstück, das unterschrieben oder elektronisch signiert ist – hergestellt werden. Im BetrVG steht an keiner Stelle, wie viele Exemplare einer Betriebsvereinbarung hergestellt werden müssen. Es genügt zum rechtsgültigen Abschluss also eines. Das ist nicht zu empfehlen. Es sollten immer mindestens zwei Originalexemplare hergestellt werden, eine für den Betriebsrat und eine für den Arbeitgeber. Damit ist sichergestellt, dass der Betriebsrat jederzeit auf die Originalbetriebsvereinbarung zugreifen kann, um nachzulesen, was tatsächlich vereinbart wurde und – wenn nötig – sich hierauf zu berufen und gegebenenfalls rechtliche Schritte einzuleiten, wenn der Arbeitgeber sich nicht an die Vereinbarung hält.

! **Es sollten immer mindestens zwei Exemplare einer Betriebsvereinbarung erstellt werden, damit der Betriebsrat ein Original für seine Unterlagen hat.**

10 BAG 12.5.2010 – 2 AZR 551/08.

11 BAG 3.5.2006 – 1 ABR 2/05.

5. Die Form des Spruchs der Einigungsstelle

Förmliche Übersendung

Ist die Betriebsvereinbarung nicht das Ergebnis von Verhandlungen zwischen dem Betriebsrat und dem Arbeitgeber, sondern beruht sie auf dem Spruch einer Einigungsstelle, also dem Abstimmungsverfahren in der Einigungsstelle, so wird diese nicht durch den Betriebsrat und den Arbeitgeber unterschrieben. Vielmehr ist der Text der durch Abstimmung zu Stande gekommenen Betriebsvereinbarung schriftlich niederzulegen, also im von dem Vorsitzenden geführten Protokoll aufzunehmen, und von der oder dem **Vorsitzenden** der Einigungsstelle zu unterschreiben und den Betriebsparteien von diesem dann zuzustellen, also förmlich zu übersenden (§§ 77 Abs. 2, 76 Abs. 3 Satz 4 BetrVG). Seit 2021 ist anstelle einer eigenhändigen Unterschrift des Einigungsstellenvorsitzenden auch zulässig, dass dieser den Text in **elektronischer Form** mit qualifizierter Signatur unterzeichnet. Diese Form der Unterzeichnung ist nun ausdrücklich im Gesetz vorgesehen. Dafür muss der oder die Vorsitzende aber über eine elektronische Signatur nach dem Signaturgesetz verfügen, was nicht sehr häufig vorkommt.

Wichtig zu wissen ist, dass von diesen Regelungen zur Form des Zustandekommens einer Betriebsvereinbarung im Rahmen eines Einigungsstellenverfahrens eine wichtige Ausnahme besteht: Erzielten die Betriebsparteien bei Betriebsänderungen, also Umstrukturierungen gemäß § 111 BetrVG, erst in der Einigungsstelle eine Einigung über den Interessenausgleich und/oder Sozialplan, so ist diese Einigung vom Betriebsrat, dem Arbeitgeber und zusätzlich von der oder dem Vorsitzenden zu unterzeichnen (§ 112 Abs. 3 BetrVG). Es sind also in diesem Fall drei, anstatt wie sonst üblich zwei, Unterschriften notwendig. Fehlt eine der drei ist die Einigung nicht wirksam. Die fehlende Unterschrift kann nachgeholt werden.

IV. Wirkung einer Betriebsvereinbarung

Merkliste zur Wirkung auf Seite 78

Einer der Gründe, weshalb Betriebsräte bei der Ausübung ihrer Mitbestimmungsrechte häufig die Möglichkeiten nutzen, dies in Form einer Betriebsvereinbarung zu tun, ist die Rechtswirkung, die eine solche Betriebsvereinbarung hat. Diese Rechtswirkung ist in § 77 Abs. 4 BetrVG beschrieben. Dort heißt es:

»Betriebsvereinbarungen gelten unmittelbar und zwingend. (...)«

1. Die unmittelbare Geltung der Betriebsvereinbarung

Eigene Rechtsgrundlage

Unmittelbare Geltung bedeutet, dass die Betriebsvereinbarung aus sich heraus wirksam ist. Es sind keine weiteren rechtlichen Schritte, wie etwa eine Anerkennung- oder Unterwerfungserklärung, erforderlich. Die Betriebsvereinbarung wird auch nicht Teil des Arbeitsvertrags, sondern stellt eine eigene Rechtsgrundlage dar.[12] Sie steht damit neben dem Arbeitsvertrag. Sie gestaltet die Arbeitsbedingungen im Betrieb und setzt eigenständig Ansprüche für die einzelnen Beschäftigten. Sie wirkt damit wie ein **betriebliches Gesetz** und wirkt auf die Arbeitsverhältnisse ein, ohne jedoch Bestandteil des Arbeitsvertrags zu werden.

12 BAG 12.12.2006 – 1 AZR 96/06.

2. Die zwingende Geltung der Betriebsvereinbarung

Näheres zum Günstigkeitsprinzip in Band 6

Zwingende Geltung bedeutet, dass von den Regelungen der Betriebsvereinbarung nur zu Gunsten der Beschäftigten abgewichen werden kann. Der Arbeitgeber muss daher die Regelungen der Betriebsvereinbarung einhalten und darf hiervon **nicht zum Nachteil** der Beschäftigten abweichen. Ihm ist es daher auch nicht erlaubt, mit einzelnen oder allen Beschäftigten Arbeitsverträge mit schlechteren Arbeitsbedingungen abzuschließen, um dadurch die Regelungen der Betriebsvereinbarung zu umgehen. Nur dann, wenn im Einzelfall ein Arbeitsvertrag eine für die Beschäftigten günstigere Regelung als in der Betriebsvereinbarung enthält, darf der Arbeitgeber von der Betriebsvereinbarung abweichen. Denn die zwingende Geltung verbietet dem Arbeitgeber nur die Abweichung von der Betriebsvereinbarung zum Nachteil der Beschäftigten – also einer Verschlechterung der Arbeitsbedingungen.
Enthält ein Arbeitsvertrag hingegen bessere Bedingungen als die Betriebsvereinbarung, so geht dieser wegen des im Arbeitsrecht geltenden **Günstigkeitsprinzips**[13] vor.

Beispiel:
In einer Betriebsvereinbarung zur Schichtarbeit ist festgelegt, dass die Beschäftigten im Monat mindestens zwei freie Wochenenden haben müssen. Der Arbeitgeber darf dann keine Arbeitsverträge abschließen, in denen den Beschäftigten nur ein freies Wochenende pro Monat zugebilligt wird. Sind in einem Arbeitsvertrag aber drei freie Wochenenden vereinbart, so muss der Arbeitgeber diesen Beschäftigten diese auch über die Schichtplangestaltung gewähren.

Aber Achtung: zwar darf der Arbeitgeber durch arbeitsvertragliche Absprachen mit den Beschäftigten keine Regelungen vereinbaren, die die günstigeren Regelungen einer Betriebsvereinbarung umgehen, andersherum ist dies nach der kritikwürdigen Rechtsprechung des BAG jedoch möglich: Gelten zugesagte Arbeitsbedingungen auf der Grundlage von betrieblichen Einheitsregelungen – also solchen, die im Wege einer Gesamtzusage wirken oder solchen, die nicht schriftlich festgelegt sind, aber der betrieblichen Praxis und Übung entsprechen –, können diese zukünftig im Rahmen einer Betriebsvereinbarung verändert und damit

13 BAG 5.3.2013 – 1 AZR 417/12.

auch verschlechtert werden.[14] Dies gilt erst recht, wenn der Arbeitsvertrag in Bezug auf die zu regelnden Arbeitsbedingungen »betriebsvereinbarungsoffen« ausgestaltet ist, was schon dann gegeben sein soll, wenn in einem Arbeitsvertrag ausdrücklich auf »jeweils geltende betriebliche Regelungen« Bezug genommen wird.[15] Das hat zur Folge, dass wenn der Betriebsrat über Arbeitsbedingungen verhandelt, dieser auch immer wissen muss, welche Regelungen diesbezüglich in den Arbeitsverträgen enthalten sind, sowie welche Regelungen einseitig durch den Arbeitgeber zugesagt sind und somit im Wege der betrieblichen Übung oder einer Gesamtzusage gelten. Denn diese können durch eine Betriebsvereinbarung verschlechtert werden. Wenn ein Betriebsrat sich hierauf einlässt, muss es gute Gründe geben, um dies rechtfertigen zu können.

3. Die Bekanntgabe durch den Arbeitgeber

Keine Wirksamkeitsvoraussetzung

Der Arbeitgeber ist verpflichtet, die Betriebsvereinbarung an geeigneter Stelle im Betrieb auszulegen und sie so bekannt zu geben. Durch diese Regelung soll sichergestellt werden, dass die Beschäftigten die Betriebsvereinbarung und die darin vereinbarten Regelungen kennen und jederzeit nachlesen können. Wichtig zu wissen ist, dass die unmittelbare und zwingende Wirkung der Betriebsvereinbarung nicht davon abhängt, ob der Arbeitgeber dieser Verpflichtung tatsächlich nachkommt. Die Betriebsvereinbarung wirkt aus sich heraus und muss nicht veröffentlicht werden. Das bedeutet, dass ihre Regelungen gelten, sobald die Betriebsvereinbarung zustande gekommen und abgeschlossen ist und nicht erst, wenn sie veröffentlicht wurde.

Hinweis:
Auch der Betriebsrat hat das Recht, die Betriebsvereinbarung betriebsöffentlich bekannt zu geben und so die Beschäftigten über deren Regelungen zu informieren. Der Betriebsrat sollte von diesem Recht unbedingt Gebrauch machen, insbesondere dann, wenn der Arbeitgeber dies nicht tut.

14 BAG 17.8.2021 – 1 AZR 50/20; 30.1.2019 – 5 AZR 450/17; 5.3.2013 – 1 AZR 417/12.

15 BAG 17.8.2021 – 1 AZR 50/20 mit vielen weiteren Nachweisen.

4. Der Verzicht auf Ansprüche aus der Betriebsvereinbarung

Zustimmungserfordernis

Die zwingende Wirkung der Betriebsvereinbarung kommt auch dadurch zum Ausdruck, dass der Gesetzgeber in § 77 Abs. 4 BetrVG vorgesehen hat, dass Beschäftigte nicht auf Rechte verzichten können, die ihnen durch eine Betriebsvereinbarung entstehen. Ein solcher Verzicht ist **nur mit Zustimmung des Betriebsrats** zulässig. Will ein Beschäftigter auf ein ihm aus einer Betriebsvereinbarung zustehendes Recht verzichten, ist somit die positive Zustimmung des Betriebsrats erforderlich. Diese Zustimmung setzt wiederum immer einen **Beschluss des Betriebsrats** voraus. Die Beschlussfassung muss zudem den konkreten Verzicht eines bestimmten Beschäftigten umfassen.[16] Durch diese Zustimmungsregelung soll verhindert werden, dass der Arbeitgeber durch Abschluss von Individualverträgen mit den einzelnen Beschäftigten die Gültigkeit der in der Betriebsvereinbarung getroffenen Regelungen und enthaltenen Ansprüche der Beschäftigten aushöhlt.[17]

Beispiel:
In einem Betrieb wird Personal abgebaut, weshalb der Betriebsrat mit dem Arbeitgeber einen Sozialplan abgeschlossen hat, der Abfindungen in einer bestimmten Höhe vorsieht. Eine Beschäftigte möchte das Arbeitsverhältnis beenden, weil sie eine neue Stelle gefunden hat. Sie möchte die Kündigungsfrist abkürzen, weil der neue Arbeitgeber nicht so lange auf sie warten möchte. Der Arbeitgeber ist hierzu bereit, aber nur, wenn sie auf einen Teil der Abfindung verzichtet. Ein solcher Verzicht auf Teile der Abfindungszahlung ist nur mit Zustimmung des Betriebsrats zulässig.

5. Die Verwirkung von Ansprüchen

§ 77 Abs. 4 BetrVG

Billigt eine Betriebsvereinbarung den Beschäftigten Rechte zu, so können diese nicht verwirken. Auch das steht in § 77 Abs. 4 BetrVG. Auch diese Regelung soll verhindern, dass der Arbeitgeber die Regelungen einer Betriebsvereinbarung durch individuelle Absprachen aushöhlt.

16 BAG 15.10.2013 – 1 AZR 405/12.
17 BAG 15.10.2013 – 1 AZR 405/12.

Begriffserklärung:
Verwirkung meint die zeitlich verspätete Geltendmachung eines Rechtsanspruchs durch die Beschäftigten. Das setzt voraus, dass die Beschäftigten ihr Recht kennen und dennoch dieses über einen längeren Zeitraum nicht beanspruchen, so dass der Arbeitgeber denken könnte, sie verzichten hierauf.

Eine solche Verwirkung von Ansprüchen aus einer Betriebsvereinbarung ist jedoch gerade ausgeschlossen. Die Ansprüche sollen gerade nicht nur deshalb untergehen, weil Beschäftigte diese nicht rechtzeitig beanspruchen. Die Beschäftigten müssen aber die gesetzliche regelmäßige **Verjährungsfrist** von drei Jahren beachten.

6. Ausschlussfristen

Schnelle Geltendmachung

Das bedeutet leider nicht, dass es gar keine Möglichkeit gibt, Beschäftigte dazu anzuhalten, ihre Rechtsansprüche, die aus einer Betriebsvereinbarung entstehen, schnell und zügig geltend machen zu müssen und sie ansonsten entfallen zu lassen. Zwar können diese Rechte nicht verwirken. Aber die Betriebsparteien können in einer Betriebsvereinbarung so genannte Ausschlussfristen vereinbaren. Das ist ausdrücklich in § 77 Abs. 4 BetrVG zugelassen.

Begriffserklärung:
Eine **Ausschlussfrist** ist eine Regelung, wonach die Beschäftigten verpflichtet werden, ihre Ansprüche innerhalb einer bestimmten, festgelegten Frist geltend zu machen. Manche Ausschlussfristen sehen neben der Frist auch eine besondere Form vor, wie der Anspruch zu erheben ist, z. B. schriftlich.

Einstufige und zweistufige Ausschlussfristen

Es gibt einstufige und zweistufige Ausschlussfristen. **Einstufig** ist eine Ausschlussfrist dann, wenn die Beschäftigten verpflichtet sind, gegenüber dem Arbeitgeber ihre Ansprüche innerhalb einer bestimmten Frist geltend zu machen. Von einer **zweistufigen** Ausschlussfrist spricht man dann, wenn zusätzlich zu dem ersten Schritt die Beschäftigten für den Fall, dass der Arbeitgeber ihrer ersten Aufforderung nicht nachkommt, einen zweiten Schritt innerhalb einer weiteren Frist gehen müssen und die Ansprüche dann vor dem Arbeitsgericht einklagen müssen. Versäumen die Beschäftigten die vereinbarten Fristen, so geht der Anspruch unter und kann nicht mehr durchgesetzt werden.

Hinweis:
Da Ausschlussfristen die Beschäftigten zu einem schnellen Handeln verpflichten und festlegen, wie sie ihre Rechte verfolgen müssen, führt dies zu einer Einschränkung ihrer Handlungsfreiheit. Daher sollte vermieden werden, solche Ausschlussfristen in Betriebsvereinbarungen aufzunehmen.

V. Abgrenzung zur Regelungsabrede

Nicht alle Vereinbarungen und Absprachen, die der Betriebsrat mit dem Arbeitgeber trifft, sind Betriebsvereinbarungen. Betriebsräte können Absprachen auch in einer anderen Form treffen und damit auf andere Weise ausüben. Solche anderen Formen der Absprache werden **Regelungsabrede** oder Betriebsabsprache genannt. Diese kommen im Alltag sehr häufig vor. Die Regelungsabrede ist gesetzlich nicht geregelt. Ihre Rechtsgrundsätze werden durch die Rechtsprechung der Arbeitsgerichtsbarkeit, insbesondere des Bundesarbeitsgerichts, entwickelt.

1. Form und Beschlussfassung

Formfreiheit

Wie die Betriebsvereinbarung stellt auch die Regelungsabrede eine Vereinbarung zwischen Betriebsrat und Arbeitgeber dar. Das bedeutet, dass die Betriebsparteien sich auf den Abschluss einer solchen Regelungsabsprache geeinigt haben müssen. Anders als die Betriebsvereinbarung muss die Regelungsabrede **nicht schriftlich** abgeschlossen werden. Sie muss auch keine andere Formvorschrift einhalten.[18] Diese Formfreiheit macht es leichter, eine Absprache zu treffen, denn man kann eine solche Regelungsabrede mit weniger Aufwand festzuhalten. So kann eine Regelungsabrede z. B. dadurch zustande kommen, dass Betriebsrat und Arbeitgeber durch den wechselseitigen Austausch von E-Mails die Absprache bestätigen oder ein gemeinsames Protokoll erstellen. Wie bei der Betriebsvereinbarung ist es für das Zustandekommen einer Regelungsabrede stets notwendig, dass der Betriebsrat über deren Inhalt einen **Beschluss** fasst. Außerdem muss diese Beschlussfassung gegenüber dem Arbeitgeber auch mitgeteilt worden sein.[19] Anders als bei einer Betriebsver-

18 BAG 21.3.2003 – 1 ABR 9/02.
19 BAG 18.3.2014 – 1 ABR 75/12.

einbarung kann auch der Betriebsausschuss oder ein anderer Ausschuss im Rahmen seiner Zuständigkeit Beschlüsse über Regelungsabreden treffen. Solche Beschlüsse über Regelungsabreden dürfen jedoch nicht dazu führen, dass der Kompetenzbereich des Ausschusses erweitert wird.

2. Keine unmittelbare und zwingende Geltung

Umsetzungsakt

Der wesentliche Unterschied der Regelungsabrede zu einer Betriebsvereinbarung ist deren Rechtswirkung. Sie wirkt gerade nicht unmittelbar und zwingend. Die Regelungsabrede begründet ausschließlich Rechte und Pflichten **zwischen dem Betriebsrat und dem Arbeitgeber**. Sie begründet gerade keinen Anspruch der einzelnen Beschäftigten auf Umsetzung der zwischen dem Betriebsrat und dem Arbeitgeber gefundenen Vereinbarung.[20] Das bedeutet, dass eine Regelungsabrede den Arbeitgeber im Verhältnis zum Betriebsrat verpflichtet. Eine Verpflichtung gegenüber den Beschäftigten geht der Arbeitgeber hingegen nicht unmittelbar ein. D.h., dem Arbeitgeber obliegt die Entscheidung, ob er das mit dem Betriebsrat gefundene Ergebnis der Einigung zukünftig tatsächlich zugunsten der Beschäftigten umsetzt. Erst wenn der Arbeitgeber gegenüber einzelnen Beschäftigten die Vereinbarung umsetzt, hat er sich auch gegenüber den anderen Beschäftigten verpflichtet. Die Regelungsabrede benötigt also zur Entfaltung einer unmittelbaren Wirkung gegenüber den Beschäftigten noch einen Umsetzungsakt durch den Arbeitgeber.

Beispiel:
Der Betriebsrat und der Arbeitgeber haben sich darauf verständigt, dass alle Beschäftigte für das abgelaufenen Jahr eine einmalige Erfolgsbeteiligung in Höhe von 800,00 € erhalten. Haben die Betriebsparteien hierüber eine Regelungsabrede getroffen und zahlt der Arbeitgeber sie trotz Vereinbarung mit dem Betriebsrat nicht aus, so können die einzelnen Beschäftigten die Erfolgsbeteiligung nicht erfolgreich einklagen. Nur der Betriebsrat könnte den Arbeitgeber zur Durchführung der Regelungsabrede verpflichten. Erst wenn der Arbeitgeber tatsächlich die Erfolgsbeteiligung an einige Beschäftigte auszahlt oder sich gegenüber einzelnen Beschäftigten verbindlich verpflichtet, diese auszuzahlen, können auch die anderen Beschäftigten die Erfolgsbeteiligung erfolgreich einklagen, sofern auch sie die Voraussetzungen hierfür erfüllen.

20 BAG 8.9.2010 – 7 ABR 73/09; 21.3.2003 – 1 ABR 9/02.

Abgrenzung zur Regelungsabrede

Gerade mit Blick darauf, dass die Regelungsabrede nur zwischen dem Betriebsrat und dem Arbeitgeber rechtlich verbindliche Pflichten auslösen kann, müssen Betriebsräte immer genau überlegen, wann sie anstelle einer Betriebsvereinbarung eine Regelungsabrede abschließen.

! **Die Regelungsabrede bietet sich als Form der Vereinbarung zwischen Betriebsrat und Arbeitgeber nur dort an, wo es um die Ausgestaltung des Miteinanders zwischen den Betriebsparteien geht. Sobald eine Vereinbarung Rechtsansprüche der Beschäftigten beinhaltet, sollte die Form der Betriebsvereinbarung gewählt werden.**

Anwendungsbeispiele

Beispiele:
Denkbar ist eine Regelungsabrede zum Beispiel, um zwischen dem Betriebsrat und dem Arbeitgeber zu vereinbaren, wie die Beteiligung des Betriebsrats bei personellen Einzelmaßnahmen konkret im Betrieb zu erfolgen hat. So kann geregelt werden, bis wann an welchem Wochentag ein Antrag des Arbeitgebers vorliegen muss, damit der Betriebsrat diesen noch in seiner wöchentlichen Sitzung behandeln kann. Oder es kann vereinbart werden, dass hierfür ein bestimmtes Formular mit konkreten Angaben verwendet wird.

VI. Geltungsbereich einer Betriebsvereinbarung

Der Geltungsbereich einer Betriebsvereinbarung legt fest, für wen diese gilt und wie lange sie wirkt. Beim Geltungsbereich ist zwischen drei Merkmalen zu unterscheiden: dem persönlichen, dem räumlichen und dem zeitlichen Geltungsbereich.

Merkliste zum Geltungsbereich auf Seite 79 f.

1. Persönlicher Geltungsbereich

a. Allgemeines

Arbeitgebervertreter, leitende Angestellte

Für den persönlichen Geltungsbereich gilt eine einfache Regel: Persönlich gilt eine Betriebsvereinbarung für alle Beschäftigten, die unter die Regelungen des BetrVG fallen.
Damit **fallen** von vornherein **zwei Personengruppen** aus dem persönlichen Geltungsbereich **raus**:
- die gesetzlichen Vertreter des Arbeitgebers (also die Geschäftsführer einer GmbH, die Vorstände einer Aktiengesellschaft u. a.) und
- die leitenden Angestellten,

denn diese sind von der Vertretung durch den Betriebsrat ausgeschlossen, § 5 Abs. 2 und Abs. 3 BetrVG.

Geltung für alle Arbeitnehmer

Eine Betriebsvereinbarung gilt damit **für alle Arbeitnehmer**, also für alle Beschäftigten des Arbeitgebers. Die Gewerkschaftszugehörigkeit spielt dabei keine Rolle, denn die Betriebsvereinbarung ist kein Tarifvertrag. Sie gilt damit sowohl für Tarifangestellte als auch für AT-Angestellte. Sie gilt grundsätzlich für alle diejenigen, die bei Abschluss der Betriebsvereinbarung bereits im Betrieb beschäftigt sind, aber auch für jene, die erst nach deren Abschluss ihre Tätigkeit im Betrieb aufnehmen, also für diejenigen die neu in den Betrieb eintreten. Für **ausgeschiedene** Beschäftigte gilt sie nur dann, wenn die Betriebsvereinbarung Regelungen enthält, die dieser Beschäftigtengruppe Rechtsansprüche gewähren. Sie gilt also für ausgeschiedene Beschäftigte immer dann, wenn diese nach Beendigung des Arbeitsverhältnisses noch ein Recht aus der Betriebsvereinbarung ableiten können. Das kann zum Beispiel ein Wiedereinstellungsanspruch aus einem Sozialplan sein oder Ansprüche aus einer Betriebsvereinbarung über eine betriebliche Altersversorgung. Sie gilt für alle Beschäftigten **unabhängig** von deren **Nationalität und Herkunft**. Die Betriebsvereinbarungen gelten für **Vollzeit- wie für Teilzeitkräfte** einschließlich geringfügig Beschäftigte (sogenannte Minijobber).

b. Ins Ausland entsandte Beschäftigte

Inländischer Bezug

Die Regelungsbefugnis der Betriebsräte beschränkt sich auf Beschäftigte, die in Deutschland tätig sind. Daher stellt sich die Frage, ob Betriebsvereinbarungen auch für ins Ausland entsandte Beschäftigte gelten. Jedenfalls dann, wenn die Entsendung ins Ausland nicht auf Dauer, sondern nur **vorübergehend** erfolgt und ein Bezug zum inländischen, also deutschen Betrieb gegeben ist, gelten die Betriebsvereinbarungen auch für diesen Beschäftigtenkreis. Das ist immer dann der Fall, wenn keine Eingliederung in den ausländischen Betrieb erfolgt und das Weisungsrecht nach wie vor jedenfalls zum Teil von Vorgesetzten des inländischen Betriebs ausgeübt wird. Aber auch dann, wenn eine Eingliederung des entsandten Beschäftigten in den ausländischen Betrieb erfolgt, ist eine Bindung an den inländischen Betrieb immer dann anzunehmen, wenn der inländische Betrieb sich ein Rückrufrecht vorbehalten hat.[21] Solche Entsendungen kommen häufig bei Servicetechnikern oder Beratern vor, die von ihrem Betrieb zu Kunden oder Tochtergesellschaften entsandt werden. In allen diesen Fällen bleiben diese ins Ausland entsandten Beschäftigten dem inländischen Betrieb zugehörig. Das ist der Grund, warum in diesen Fällen die Betriebsvereinbarungen persönlich auch für diese Beschäftigten Anwendung finden.

c. Einschränkung des Personenkreises in der Betriebsvereinbarung

Der persönliche Geltungsbereich kann durch Regelungen in einer Betriebsvereinbarung eingeschränkt werden. Das bedeutet, dass die Betriebsparteien berechtigt sind, einzelne Betriebsvereinbarung nicht für die gesamte Belegschaft abzuschließen, sondern nur für **einzelne Beschäftigungsgruppen**.

---

21 BAG 20.1.2001 – 1 ABR 30/00.

Beispiele:
- Eine Betriebsvereinbarung zu Akkordarbeit kann nur für die Beschäftigten in der Produktion abgeschlossen werden, die leistungsabhängig vergütet werden.
- Eine Betriebsvereinbarung zur Schichtarbeit kann in einer Pflegeeinrichtung nur auf die Beschäftigten in der Pflege Anwendung finden und die Beschäftigten der Verwaltung einem anderen Arbeitszeitmodell unterwerfen.
- Eine Betriebsvereinbarung zu Entgeltgrundsätzen kann in tarifgebundenen Betrieben nur die AT-Angestellten einbeziehen.

Sachlicher Grund

Eine Einschränkung des persönlichen Geltungsbereichs muss in der Betriebsvereinbarung selbst geregelt werden, da sonst die grundsätzliche Regelung greift, wonach die Betriebsvereinbarung für alle Beschäftigten gilt. Außerdem darf die Einschränkung des Personenkreises nicht willkürlich erfolgen, sondern sie muss sachlich gerechtfertigt sein. Es muss also einen objektiven bzw. objektivierbaren Grund geben, warum die Betriebsvereinbarung nicht für alle Beschäftigten gelten soll. Ein solcher Grund ergibt sich in der Regel aus dem Regelungsgegenstand oder den unterschiedlichen Arbeitsformen oder -bedingungen in den betroffenen Betriebsbereichen.

d. Leiharbeitnehmer

In sehr vielen Betrieben werden neben den Stammarbeitskräften auch Leiharbeitnehmer eingesetzt.

Begriffserklärung:
Leiharbeitnehmer sind Arbeitnehmer, die mit einem anderen Arbeitgeber, dem Verleiher, einen Arbeitsvertrag haben, aufgrund dessen sie aber in einem anderen Betrieb (dem Entleiherbetrieb) eingesetzt werden. Diese Leiharbeitnehmer unterliegen im Entleiherbetrieb (also dem Einsatzbetrieb) zum Teil den Weisungen des dortigen Arbeitgebers. Die Regelungen für diese Beschäftigtengruppe finden sich im Arbeitnehmerüberlassungsgesetz (AÜG).

Direktionsrecht

Das Leiharbeitsverhältnis ist dadurch geprägt, dass das Direktionsrecht (Weisungsrecht des Arbeitgebers) auf **zwei verschiedene Arbeitgeber** aufgeteilt ist. Der Verleiher entscheidet darüber, in welchem Einsatzbetrieb der Leiharbeitnehmer entsendet bzw. eingesetzt wird. Er entscheidet auch über die wesentlichen Arbeitsbedingungen, wie z. B. die Erteilung des Urlaubs, den Umfang der vertraglichen Arbeitszeit u. a. Der Entleiher, also der Einsatzbetrieb, entscheidet hingegen über die täglich zu leistende Tätigkeit, also z. B. in welcher Schicht der Einsatz erfolgt, an welcher Maschine er arbeitet und welche Aufgaben dem Leiharbeitnehmer konkret zugewiesen werden.[22] Damit stellt sich die Frage, ob die Regelungen einer Betriebsvereinbarung im Entleiherbetrieb für die dort eingesetzten Leiharbeitnehmer Anwendung findet. Da eine Betriebsvereinbarung grundsätzlich für alle im Betrieb Beschäftigten gilt, gilt sie damit auch für Leiharbeitnehmer im Entleiherbetrieb (also Einsatzbetrieb), und zwar immer dann, wenn die Betriebsvereinbarung einen Gegenstand regelt, bei denen die Leiharbeitnehmer dem Weisungsrecht des **Entleihers** unterliegen. Damit erfassen die Regelungen einer Betriebsvereinbarung auch die Leiharbeitnehmer, wenn Gegenstände und Themen geregelt sind, die das Direktionsrecht des Arbeitgebers im Entleiherbetrieb erfassen.[23] Das sind vor allen Dingen Regelungen zur Lage der Arbeitszeit,[24] zur Ordnung im Betrieb, aber auch solche zur Nutzung von Sozialeinrichtungen wie einer Kantine und Fragen des Arbeits- und Gesundheitsschutzes.[25] Der Entleiher soll nämlich nicht die Möglichkeit haben, durch den Einsatz von Leiharbeitskräften die Regelungen einer Betriebsvereinbarung zu umgehen.

2. Räumlicher Geltungsbereich

a. Betriebsvereinbarungen des Betriebsrats

Geltung für Abschlussbetrieb

Auch für den räumlichen Geltungsbereich gibt es eine einfache Regel: Die Betriebsvereinbarung gilt für denjenigen Betrieb, dessen Betriebsrat sie abgeschlossen hat.[26] Jeder Betriebsrat kann nur in dem Betrieb eine Regelung vereinbaren, in dem er nach den Regelungen des BetrVG auch **zuständig** ist. Besteht ein Betrieb aus mehreren Betriebsstätten und vertritt der Betriebsrat die Beschäftigten aller Betriebsstätten, so gelten die von ihm abgeschlossenen Betriebsvereinbarungen damit in allen diesen Be-

22 Zu den Einzelheiten eines Leiharbeitsverhältnisses finden sich ausführliche Erläuterungen in der Arbeits- und Sozialordnung, 51. Auflage 2026, siehe dort die Einleitung zum Arbeitnehmerüberlassungsgesetz – AÜG.

23 BAG 7.6.2016 – 1 ABR 25/14.

24 BAG 29.6.2017 – 1 ABR 57/15.

25 BAG 23.8.2016 – 1 ABR 15/14.

26 BAG 28.6.2005 – 1 AZR 213/04.

triebsstätten. Gleiches gilt für Betriebsteile nach § 4 BetrVG. Vertritt der Betriebsrat des Hauptbetriebs auch die Beschäftigten des Betriebsteils, weil diese sich entschieden haben, beim Hauptbetrieb mitzuwählen (§ 4 Satz 2 BetrVG), so gelten die vom Betriebsrat des Hauptbetriebs abgeschlossenen Betriebsvereinbarungen räumlich auch für die Beschäftigten des Betriebsteils.

b. Betriebsvereinbarungen des Gesamtbetriebsrats

In vielen Fällen schließen Gesamtbetriebsräte Betriebsvereinbarungen ab. Was ein Gesamtbetriebsrat ist, ist in § 47 BetrVG geregelt. Dort heißt es in Absatz 1:

»Bestehen in einem Unternehmen mehrere Betriebsräte, so ist ein Gesamtbetriebsrat zu bilden.«

Ein Gesamtbetriebsrat ist also in einem Unternehmen zu bilden, das mehrere Betriebe unterhält, in denen jeweils (lokale) Betriebsräte gebildet sind. Das ist immer dann der Fall, wenn ein Arbeitgeber (also die einzelne GmbH, AG o. a.) mehr als einen Betrieb führt, in denen jeweils Betriebsräte gewählt sind. Schließt der Gesamtbetriebsrat eine Betriebsvereinbarung ab, so stellt sich die Frage, in welchen Betrieben diese gelten. Diese Frage entscheidet sich danach, in welcher Zuständigkeit der Gesamtbetriebsrat handelt. Das BetrVG unterscheidet zwei Formen der Zuständigkeit des Gesamtbetriebsrats: die **originäre** und die **delegierte** Zuständigkeit. Geregelt ist dies in § 50 BetrVG.

aa. Originäre Zuständigkeit des Gesamtbetriebsrats

Zuständigkeit kraft Gesetzes

Die originäre Zuständigkeit wird auch **Zuständigkeit kraft Gesetzes** genannt. Sie ist in § 50 Abs. 1 BetrVG geregelt. Der Gesamtbetriebsrat handelt kraft originärer Zuständigkeit, wenn eine überbetriebliche Angelegenheit behandelt wird und diese Angelegenheit nicht durch die einzelnen Betriebsräte geregelt werden können. Es müssen also zwei Voraussetzungen vorliegen.

Überbetriebliche Angelegenheit

Überbetrieblich ist eine Angelegenheit dann, wenn sie **mehr als einen Betrieb des Unternehmens betrifft.** Es müssen nicht alle Betriebe betroffen sein; vielmehr genügt es, wenn mindestens zwei Betriebe betroffen sind. Das kann z. B. der Fall sein, wenn ein Unternehmen aus drei Betrieben besteht: zwei Produktions- und einem Verwaltungsbetrieb. Wird eine neue Fertigungsmethode eingeführt, die nur die Produktion betrifft, aber nicht die Verwaltung, dann kann dennoch der Gesamtbetriebsrat zuständig sein.

Notwendigkeit einheitlicher Regelungen

Dass mehr als ein Betrieb von der Regelung betroffen ist, reicht aber noch nicht. Weitere Voraussetzung ist immer, dass es keine Möglichkeit gibt, die Angelegenheit in dem Betrieb zu regeln, sondern es muss eine unternehmenseinheitliche bzw. **betriebsübergreifende Regelung** notwendig sein. Dabei muss objektiv ein **zwingendes Erfordernis** für eine betriebsübergreifende Regelung bestehen. Allein der Wunsch des Arbeitgebers, eine unternehmenseinheitliche Regelung treffen zu wollen oder reine Zweckmäßigkeitsüberlegungen oder Kosten- und Koordinierungszwecke genügen hierfür nicht.[27] Es müssen also Gründe gegeben sein, die eine betriebsübergreifende Regelung erforderlich machen, da anderenfalls der Gegenstand **nicht sinnvoll** geregelt werden kann. Solche zwingenden Gründe können sich aus technischen oder aus rechtlichen Gesichtspunkten ergeben.

! Für die originäre Zuständigkeit ist es erforderlich, dass beide Voraussetzungen gleichzeitig vorliegen. Fehlt eine, ist der Gesamtbetriebsrat nicht kraft Gesetzes zuständig.

Daran, dass immer beide Voraussetzungen vorliegen müssen, damit eine originäre Zuständigkeit des Gesamtbetriebsrats gegeben ist, wird deutlich, dass im Regelfall die Zuständigkeit bei den (lokalen) Betriebsräten liegt. Dies gilt vor allen Dingen in den Fällen der Mitbestimmung in sozialen Angelegenheiten nach § 87 BetrVG.

Hauptanwendungsfälle

Der Hauptanwendungsfall der originären Zuständigkeit des Gesamtbetriebsrats sind freiwillige Leistungen des Arbeitgebers. Ist der Arbeitgeber weder durch einen Tarifvertrag noch durch die Arbeitsverträge verpflichtet, den Beschäftigten gegenüber eine bestimmte Leistung (z. B. eine Erfolgsbeteiligung) zu gewähren, so ist der Gesamtbetriebsrat für die Regelung der Angelegenheit zuständig, wenn der Arbeitgeber diese davon abhängig macht, dass er mit dem Gesamtbetriebsrat eine unternehmenseinheitliche Regelung findet.[28] Weitere Fälle einer originären Zuständigkeit sind z. B. die Einführung und Anwendung von EDV-Systemen und Softwareanwendungen, wenn diese in allen oder mehreren Betrieben eingesetzt werden und diese Systeme und Anwendungen unternehmensweit einheitlich durch eine zentrale IT-Abteilung betreut werden.[29] Regelun-

---

27 BAG 19.6.2012 – 1 ABR 19/11.
28 BAG 10.10.2006 – 1 ABR 59/05.
29 BAG 8.3.2023 – 1 ABR 20/21.

gen zur betrieblichen Altersversorgung gehören ebenfalls hierzu, wenn der Arbeitgeber eine unternehmenseinheitliche Regelung wünscht.[30] Schließlich kann auch die Ausgestaltung von mobilem Arbeiten hierunter fallen, wenn der Arbeitgeber diese nur ermöglicht, wenn es für alle oder mehrere Betriebe einheitliche Regelungen gibt.[31]

Räumliche Geltung

Vereinbart der Gesamtbetriebsrat im Rahmen seiner originären Zuständigkeit eine Betriebsvereinbarung mit dem Arbeitgeber, so gilt diese im **gesamten Unternehmen**. Sie gilt dann auch für Betriebe des Unternehmens, in denen kein Betriebsrat besteht. Etwas anderes gilt in diesen Fällen nur dann, wenn die Betriebsvereinbarung selbst Regelungen enthält, die nur auf einzelne Betriebe anzuwenden sind. Eine solche Beschränkung muss sachlich gerechtfertigt sein und darf nicht einzelne Betriebe willkürlich ausschließen. In dem oben genannten Beispiel mit dem Unternehmen mit zwei Produktions- und einem Verwaltungsbetrieb ist es z. B. zulässig, dass der Gesamtbetriebsrat eine Betriebsvereinbarung zum Thema der Einführung und Anwendung einer bestimmten Software in der Produktion abschließt, die nur für die beiden Produktionsstandorte gilt. Nicht zulässig wäre es aber, eine Betriebsvereinbarung über eine Erfolgsbeteiligung nur für die Produktionsstandorte abzuschließen, wenn der Arbeitgeber allen Beschäftigten des Unternehmens eine solche gewähren möchte. Schließt der Gesamtbetriebsrat eine Betriebsvereinbarung im Rahmen seiner Zuständigkeit kraft Gesetzes ab, so wird diese **Gesamtbetriebsvereinbarung** genannt.

bb. Delegierte Zuständigkeit des Gesamtbetriebsrats

Zuständigkeit kraft Auftrags

Der Gesamtbetriebsrat handelt nicht nur in Angelegenheiten, für die er originär zuständig ist. Das BetrVG sieht noch eine zweite Handlungsmöglichkeit für ihn vor: Er kann von allen oder von einzelnen Betriebsräten damit beauftragt werden, für sie in deren Angelegenheit tätig zu werden und für die einzelnen (lokalen) Betriebsräte zu verhandeln und eine Betriebsvereinbarung abzuschließen (§ 50 Abs. 2 BetrVG). Die Zuständigkeit in diesen Fällen ist durch die Beauftragung durch die einzelnen lokalen Betriebsräte gegeben. Das nennt man die delegierte Zuständigkeit oder die **Zuständigkeit kraft Auftrags**. Z. B. können die einzelnen Betriebsräte den Gesamtbetriebsrat beauftragen, für sie eine Regelung zu den Einzelheiten der in ihren Betrieben geltenden Gleitzeitmodellen zu verhandeln und abzuschließen. Eine solche Übertragung der eigenen Kompetenz auf den Gesamtbetriebsrat ist eine **betriebsratspolitische**

---

30 BAG 21.1.2003 – 3 ABR 26/02.

31 LAG München 10.8.2023 – 8 TaBV 6/23.

Entscheidung und muss daher immer gut überlegt sein. Sie bedarf immer eines Beschlusses jedes einzelnen lokalen Betriebsrats. In Fällen der delegierten Zuständigkeit können die einzelnen lokalen Betriebsräte den Gesamtbetriebsrat in einem ersten Schritt zunächst nur mit der Verhandlung beauftragen und sich den Abschluss des durch den Gesamtbetriebsrat erzielten Verhandlungsergebnisses vorbehalten. Gehen die lokalen Betriebsräte auf diese Weise vor, müssen sie einen zweiten Beschluss fassen, mit dem sie das Verhandlungsergebnis akzeptieren. Nur dann ist in diesen Fällen das Ergebnis auch in ihrem Betrieb gültig.
Schließt der Gesamtbetriebsrat im Rahmen seiner Zuständigkeit kraft Auftrags eine Betriebsvereinbarung ab, so gilt sie räumlich nur für diejenigen Betriebe, die tatsächlich den Gesamtbetriebsrat mit der Verhandlung und dem Abschluss beauftragt haben. Hat einer der lokalen Betriebsräte den Gesamtbetriebsrat nicht beauftragt, dann gilt diese Betriebsvereinbarung nicht in diesem Betrieb. Dieser lokale Betriebsrat kann weiterhin eine eigene Regelung verhandeln. Die Betriebsvereinbarung, die der Gesamtbetriebsrat in derartigen Angelegenheiten kraft Auftrags abschließt, hat jedoch keine Gültigkeit in betriebsratslosen Betrieben des Unternehmens. Auch wenn der Gesamtbetriebsrat die Betriebsvereinbarung abgeschlossen hat, ist ihre Wirkung damit die einer Betriebsvereinbarung, die lokal vor Ort vom Betriebsrat abgeschlossen wurde. Die Regelung bleibt also eine **Betriebsvereinbarung**.

Hinweis:
Ob eine Zuständigkeit des Gesamtbetriebsrats kraft Gesetzes oder kraft Auftrags vorliegt, ist in Einzelfällen nicht immer leicht festzustellen. Den Betriebsratsgremien ist in derartigen Fällen dringend zu raten, pragmatische Handlungsmöglichkeiten zu wählen. Ist nicht sicher, welche Zuständigkeit gegeben ist, kann beispielsweise so vorgegangen werden, dass alle einzelnen lokalen Betriebsräte vorsorglich Delegationsbeschlüsse fassen. Schwierig wird es nur in den Fällen, in denen der Gesamtbetriebsrat und einzelne lokale Betriebsräte unterschiedlicher Meinung sind. In diesen Fällen müssen dann politische Entscheidungen getroffen werden. Manchmal lassen sich derartige Fälle nur gerichtlich klären.

Geltung nur für deutsche Standorte

Wichtig zu wissen ist, dass die Befugnis des Gesamtbetriebsrats in allen Fällen nur auf die Standorte des Unternehmens bezogen ist, die in Deutschland geführt werden. In Bezug auf Standorte im Ausland stehen dem Gesamtbetriebsrat selbst dann keine Befugnisse zu, wenn diese zum selben Unternehmen gehören, also derselben GmbH, AG o. ä. angehören.

c. Betriebsvereinbarungen des Konzernbetriebsrats

In Konzernen sind häufig Konzernbetriebsräte gebildet. Auch diese können Betriebsvereinbarungen abschließen.

Begriffserklärung:
Einen **Konzern** im betriebsverfassungsrechtlichen Sinn bilden mehrere Unternehmen, die in einem Abhängigkeitsverhältnis zueinanderstehen (§ 54 BetrVG). Das bedeutet, dass es innerhalb der Unternehmensgruppe ein Unternehmen geben muss, dass auf Grund der gesellschaftsrechtlichen Beziehung zu dem einen oder mehreren Unternehmen eine beherrschende Funktion ausübt. Außerdem müssen die abhängigen Unternehmen unter einer einheitlichen Leitung stehen. Ein solcher Konzern kann z. B. durch Beherrschungsverträge entstehen. Ein Konzernbetriebsrat setzt weiter voraus, dass die Konzernmutter, also das beherrschende Unternehmen, in Deutschland seinen Sitz hat.

Originäre und delegierte Zuständigkeit

In solchen Konzernen sind meistens Betriebsräte und/oder Gesamtbetriebsräte gewählt. Die Gesamtbetriebsräte eines solchen Konzerns sind verpflichtet, einen Konzernbetriebsrat zu bilden. Dort wo keine Gesamtbetriebsräte existieren, übernehmen die Betriebsräte diese Aufgabe (§ 54 BetrVG). Schließt ein Konzernbetriebsrat eine Betriebsvereinbarung, stellt sich ebenfalls die Frage, in welchen Unternehmen und Betrieben diese Gültigkeit hat. Die Beantwortung dieser Frage erfolgt nach ähnlichen Kriterien wie beim Gesamtbetriebsrat. Auch hier wird zwischen **originärer** Zuständigkeit und Zuständigkeit **kraft Auftrags** (so genannte delegierte Zuständigkeit) unterschieden (§ 58 BetrVG). Bei Lektüre des Gesetzestextes wird deutlich, dass die gleichen Kriterien gelten wie beim Gesamtbetriebsrat auch. Auch in Angelegenheiten des Konzernbetriebsrats ist eine originäre Zuständigkeit nur dann gegeben, wenn zwei Voraussetzungen vorliegen: es muss erstens eine Angelegenheit sein, die mehr als ein Unternehmen des Konzerns betrifft; es muss also eine unternehmensübergreifende Angelegenheit vorliegen. Und zweitens muss ein zwingendes Erfordernis für eine unternehmensübergreifende Regelung bestehen. Da es damit um gleichgelagerte Fragen geht, kann an dieser Stelle auf die Ausführungen zum Gesamtbetriebsrat und dessen originäre Zuständigkeit verwiesen werden (vgl. oben VI. 2. b. aa.).

Geltung nur für deutsche Standorte

In allen Fällen kann der Konzernbetriebsrat stets nur Regelungen für die Beschäftigten in Deutschland aufstellen. Die Befugnis des Konzernbetriebsrats bezieht sich nur auf die deutschen Standorte und nicht auf die im Ausland ansässigen Unternehmen, und zwar selbst dann nicht, wenn diese zum Konzern gehören.

3. Zeitlicher Geltungsbereich

Zeitpunkt der Unterzeichnung/ Zustellung

Die zeitliche Geltung einer Betriebsvereinbarung wird durch die Betriebsparteien (also den Betriebsrat und den Arbeitgeber) selbst festgelegt. Enthält die Betriebsvereinbarung hinsichtlich des Zeitpunkts des **Inkrafttretens** (also dem Zeitpunkt des Beginns der Wirksamkeit) keine Regelung, gilt die Betriebsvereinbarung ab dem Tag der beidseitigen Unterzeichnung. Entscheidend für diesen Zeitpunkt ist das Vorliegen aller erforderlichen Beschlüsse und Unterschriften. Kommt die Betriebsvereinbarung nicht aufgrund einer Einigung zwischen den Betriebsparteien, sondern aufgrund des Spruchs einer Einigungsstelle zustande, so tritt diese zu dem Zeitpunkt in Kraft, in der sie durch den oder die Vorsitzenden der Einigungsstelle beiden Betriebsparteien **zugestellt**, d. h. übermittelt wurde. Die Zustellung an beide Seiten ist hierbei der entscheidende Zeitpunkt.

a. Zukünftiges Inkrafttreten

Vorbereitungen notwendig

Die Betriebsparteien **können in der Betriebsvereinbarung einen zukünftigen** Zeitpunkt des Inkrafttretens wählen, der nach der Unterzeichnung liegt. Das ist in allen denjenigen Fällen in Betracht zu ziehen, in denen die Umstellung auf die neuen Regelungen noch Vorbereitungen erforderlich machen oder wenn ein Zeitraum notwendig ist, um sich auf die neuen Regelungen einzustellen.

> **Beispiele:**
> Das kann z. B. der Fall sein, wenn ein neues Datenverarbeitungssystem eingeführt werden soll, da dann noch die Daten von dem alten ins neue System migriert, also überführt werden müssen. Denkbar ist das auch, wenn ein neues Arbeitszeitmodell eingeführt werden soll, denn dann müssen nicht nur die Arbeitsabläufe angepasst werden, sondern die Beschäftigten müssen sich hierauf auch einstellen können.

b. Rückwirkendes Inkrafttreten

Vertrauensschutz

Den Betriebsparteien ist es auch möglich, ein **rückwirkendes Inkrafttreten** zu vereinbaren.[32] Sie können also den Zeitpunkt des Inkrafttretens in die Vergangenheit legen. Solche rückwirkenden Betriebsvereinbarungen sind jedoch nicht immer zulässig. Vielmehr ist das nur dort möglich, wo der Vertrauensschutz der Beschäftigten nicht verletzt wird. Beschäftigte dürfen sich nämlich darauf verlassen, dass Regelungen einer Betriebsvereinbarung, die ihnen Rechte einräumt, auch tatsächlich Gültigkeit haben. Eine **rückwirkende Ablösung** einer bestehenden Betriebsvereinbarung, die mit Verschlechterungen der bisherigen Regelungen einhergeht, ist daher grundsätzlich nur dann wirksam zulässig, wenn die Beschäftigten mit einer Verschlechterung rechnen mussten. Das ist nur dann gegeben, wenn den Beschäftigten bekannt ist, dass der Arbeitgeber sich von der bisherigen Regelung verabschieden möchte und andere verschlechternde Regelungen herbeiführen will. Nach den von der Rechtsprechung des Bundesarbeitsgerichts entwickelten Grundsätzen können Beschäftigten schon dann nicht mehr auf die Gültigkeit der bisherigen Regelung vertrauen, wenn die Betriebsvereinbarung gekündigt ist, die Verhandlungen über einen Neuabschluss sich hinauszögern und die Beschäftigten hierüber informiert wurden.[33] Das bedeutet, dass der Arbeitgeber das geschützte Vertrauen leicht erschüttern kann, indem er die Belegschaft darüber informiert, dass er die Betriebsvereinbarung gekündigt und den Betriebsrat zu Verhandlungen über eine neue Regelung aufgefordert hat. Bereits zu diesem Zeitpunkt – so das Bundesarbeitsgericht – müssen die Beschäftigten mit einer Verschlechterung der bisherigen Regelung rechnen. Der bisherige Anspruch kann also bereits zu diesem Zeitpunkt vollständig oder teilweise abgelöst werden – solange noch keine vorbehaltlose Auszahlung des bisherigen Anspruchs erfolgt ist.

Keine Rückzahlung oder Rückabwicklung

Allerdings dürfen die Betriebsparteien nicht grenzenlos durch die Vereinbarung eines rückwirkenden Inkrafttretens in Rechtsansprüche der Beschäftigten eingreifen. Die **Grenze** ist dort zu ziehen, wo das rückwirkende Inkrafttreten dazu führt, dass Ansprüche der Beschäftigten, die in der Vergangenheit entstanden und bereits vorbehaltlos ausgezahlt oder gewährt wurden, zurückgezahlt oder zurückabgewickelt werden müssen.[34] Haben die Beschäftigen daher in der Vergangenheit aufgrund einer Betriebsvereinbarung einen Anspruch erworben und wurde dieser auch tatsächlich **vorbehaltlos erfüllt** und **gewährt**, dürfen die Betriebs-

32 BAG 19.9.1995 – 1 AZR 208/95; 8.3.1977 – 1 ABR 33/75.

33 BAG 2.10.2007 – 1 AZR 815/06.

34 Ständige Rechtsprechung des BAG, zuletzt z.B. 17.7.2017 – 1 AZR 476/11.

parteien in diese Ansprüche durch eine rückwirkende Betriebsvereinbarung nicht eingreifen.

Beispiele:

- Haben die Beschäftigten aufgrund einer Betriebsvereinbarung zu einer Erfolgsbeteiligung für das Jahr 2023 eine Zahlung bereits im Januar 2024 erhalten, so darf eine erst im Laufe des Sommers 2024 abgeschlossene Betriebsvereinbarung nicht dazu führen, dass die Beschäftigten diese Zahlung ganz oder teilweise zurückzahlen müssen. Den Betriebsparteien ist es in diesem Fall nur möglich, eine Erfolgsbeteiligung für das Folgejahr, also frühestens ab 2024, zu streichen oder zu verringern.
- Existierte bisher eine Betriebsvereinbarung zu einem Krankengeldzuschuss, so darf eine Betriebsvereinbarung nicht in bereits gewährte und abgewickelte Zuschüsse, die in der Vergangenheit vorbehaltlos gezahlt wurden, eingreifen.

Näheres zur Beendigung in Kapitel XI. auf Seite 66f.

Betriebsvereinbarungen gelten so lange, bis sie beendet werden. Sie werden meistens **unbefristet** abgeschlossen und gelten daher so lange weiter, bis sie durch eine Kündigung oder auf andere Weise beendet werden.

VII. Gegenstand einer Betriebsvereinbarung

Betriebsrat und Arbeitgeber sind mit einer sehr weitreichenden Befugnis ausgestattet, die es ihnen ermöglicht, **zu allen Arbeitsbedingungen im Betrieb** Regelungen zu vereinbaren und festzulegen.[35] Damit kann nahezu jedes Thema, das einen Bezug zum Betrieb und den dortigen Arbeitsbedingungen hat, Gegenstand einer Betriebsvereinbarung sein. Der Regelungsmöglichkeit der Betriebsparteien sind nur Themen entzogen, die ausschließlich das Privatleben und die private Lebensgestaltung der Beschäftigten umfasst.[36] Betriebsvereinbarungen, die den Beschäftigten Pflichten für ihr Privatleben auferlegen, sind damit unwirksam, da die Betriebsparteien hierüber keine Regelungen treffen dürfen. Solche unzulässigen Regelungen können z. B. solche zu einer gesunden Lebensführung sein wie die Verpflichtung, Sport zu treiben oder sich gesund zu ernähren. Aber auch das Verbot von Liebesbeziehungen in der Belegschaft gehört zu den Themen, die nicht Gegenstand von Betriebsvereinbarungen sein dürfen, selbst dann, wenn diese problematische Folgen im Betrieb haben sollten.

Betrieblicher Bezug

1. Themen der echten Mitbestimmung

Gegenstand einer Betriebsvereinbarung können zunächst alle Themen der echten Mitbestimmung sein. Die **echte Mitbestimmung** ist dadurch gekennzeichnet, dass der Arbeitgeber ohne Zustimmung des Betriebsrats nicht handeln darf. Verweigert der Betriebsrat seine Zustimmung, so darf der Arbeitgeber erst handeln, wenn er im Rahmen eines Einigungsstellenverfahrens die Zustimmung des Betriebsrats erhalten konnte oder aber in einem Abstimmungsverfahren in der Einigungsstelle – also durch Spruch

Zustimmungserfordernis

35 Ständige Rechtsprechung des BAG, z. B. 12.12.2006 – 1 AZR 96/06.
36 BAG 18.7.2006 – 1 AZR 578/07.

der Einigungsstelle – die Zustimmung ersetzt wurde. Der Hauptanwendungsfall der echten Mitbestimmung ist die Mitbestimmung in sozialen Angelegenheiten gemäß § 87 Abs. 1 BetrVG.

Näheres zur echten Mitbestimmung in Band 1

Der Katalog des § 87 Abs. 1 BetrVG beschreibt bereits ein **umfassendes Themenfeld**:

- Ordnung und Verhalten im Betrieb,
- Lage der Arbeitszeit, einschließlich Mehr- und Kurzarbeit,
- Urlaubsgrundsätze,
- Fragen der Auszahlung der Vergütung,
- Arbeits- und Gesundheitsschutz,
- Fragen der Nutzung von technischen Einrichtungen, die geeignet sind, das Verhalten und die Leistung der Beschäftigten zu überwachen oder
- Ausgestaltung mobiler Arbeit u. a.

Verzicht nicht möglich

Wichtig zu wissen ist, dass der **Verzicht** auf die Ausübung eines echten Mitbestimmungsrechts durch den Betriebsrat nicht Gegenstand einer Betriebsvereinbarung sein darf. Denn der Betriebsrat darf es nicht dem Arbeitgeber überlassen, einseitig das alleinige Gestaltungsrecht über mitbestimmungspflichtige Themen zu übertragen.[37] Ein solcher Verzicht führt nämlich dazu, dass der Betriebsrat die ihm obliegende Aufgabe, die Arbeitsbedingungen zum Wohle und zu Gunsten der Beschäftigten mitzugestalten, aufgibt.

! **Damit darf der Verzicht auf die Ausübung des Mitbestimmungsrechts durch den Betriebsrat niemals Gegenstand einer Betriebsvereinbarung sein.**

2. Freiwillige Betriebsvereinbarungen

§ 88 BetrVG

Die Themen der echten Mitbestimmung sind jedoch nicht die einzigen Themenfelder, die Gegenstand einer Betriebsvereinbarung sein können. Durch **freiwillige Betriebsvereinbarungen** sind die Betriebsparteien berechtigt, Regelungen über den Inhalt, den Abschluss und die Beendigung von Arbeitsverhältnissen zu treffen. Das BetrVG geht von dem Konzept aus, dass den Betriebsparteien eine **umfassende** Kompetenz zur Regelung aller Arbeitsbedingungen zusteht.[38] Hierzu führt § 88 BetrVG einige Beispiele auf, wie z. B. Maßnahmen zum betrieblichen Umweltschutz, Maßnahmen zur Integration von ausländischen Arbeitnehmerinnen und Ar-

37 BAG 3.6.2003 – 1 AZR 349/02.
38 BAG 12.12.2006 – 1 AZR 96/06.

beitnehmern sowie zur Bekämpfung von Rassismus und Fremdenfeindlichkeit. Dies sind aber nur Beispiele und es sind auch andere Themen denkbar, solange sie einen Bezug zum Betrieb und den dortigen Arbeitsbedingungen haben. Denkbar ist es zum Beispiel, dass in einer freiwilligen Betriebsvereinbarung den Beschäftigten für besondere Ereignisse zusätzliche bezahlte Urlaubstage eingeräumt werden. Auch die Gewährung von Jubiläumsprämien kann Gegenstand einer Betriebsvereinbarung sein. Gegenstand einer Betriebsvereinbarung kann ebenso die Verpflichtung des Arbeitgebers sein, die AT-Gehälter regelmäßig anzupassen.[39] Auch die Einführung von Altersgrenzen, bei deren Erreichen das Arbeitsverhältnis endet, kann Gegenstand einer Betriebsvereinbarung sein.[40]
Wichtig zu wissen ist, dass die Betriebsparteien zwar zu allen diesen Themen Betriebsvereinbarungen abschließen dürfen; sie dürfen jedoch stets die gesetzlichen und tarifvertraglichen Regelungen nicht verschlechtern.

3. Betriebsverfassungsrechtliche Themen

Ebenso kann Gegenstand von Betriebsvereinbarungen die Ausgestaltung von **betriebsverfassungsrechtlichen** Fragen sein. Denkbar ist zum Beispiel eine Betriebsvereinbarung, mit der zusätzliche, über § 38 BetrVG hinausgehende Freistellungskontingente für Betriebsratsmitglieder vereinbart werden. In einer Betriebsvereinbarung kann beispielsweise geregelt werden, wie die Anhörung und Beteiligung des Betriebsrats bei personellen Einzelmaßnahmen – also Einstellungen, Versetzungen, Ein- und Umgruppierungen – konkret betrieblich ausgestaltet wird. D.h. es werden Regelungen vereinbart, wann und zu welchem Zeitpunkt welche Unterlagen spätestens beim Betriebsrat eingehen müssen. Manchmal wird auch die Verwendung eines bestimmten Formulars vereinbart oder die Betriebsparteien verständigen sich darauf, dass die Anhörung und auch die Zustimmungsverweigerung, anders als von § 99 BetrVG vorgesehen, per E-Mail erfolgen kann.

39 BAG 18.10.2011 – 1 ABR 376/10.
40 Vgl. etwa BAG 21.2.2017 – 1 AZR 292/15.

VIII. Grenzen einer Betriebsvereinbarung: Regelungssperre und Tarifvorbehalt

Merkliste zu Gegenstand und Grenzen auf Seite 81 f.

Auch wenn nahezu jedes betriebliche Thema durch eine Betriebsvereinbarung geregelt werden kann, ist die Regelungsbefugnis der Betriebsparteien nicht grenzenlos. Bei der Ausgestaltung der Betriebsvereinbarung müssen rechtliche Grenzen beachtet werden, die durch die den Beschäftigten zustehenden Grundrechte, insbesondere das Persönlichkeitsrecht und die Handlungsfreiheit, und durch Gesetze vorgegeben sind. Außerdem sieht das BetrVG zum Schutz der Tarifautonomie der Gewerkschaften – die durch das Grundgesetz (GG) in Art. 9 Abs. 3 besonderen Schutz genießt – vor, dass die Betriebsparteien die Regelungen der geltenden Tarifverträge bei der Ausgestaltung der Betriebsvereinbarung zu beachten haben. Manche Themen, die durch Tarifverträge geregelt werden, sind den Betriebsparteien sogar vollständig als Gegenstand einer Betriebsvereinbarung entzogen. Wie diese Regelungen wirken, soll im Folgenden dargestellt werden.

1. Grenzen aus Grundrechten der Beschäftigten und Gesetzen

a. Grundrechte der Beschäftigten und Diskriminierungsschutz

§ 75 Abs. 2 BetrVG

Das BetrVG gibt den Betriebsparteien vor, bei allen ihren Handlungen die Persönlichkeitsrechte der Beschäftigten zu beachten und zu schützen. Hierzu werden sie durch § 75 Abs. 2 BetrVG verpflichtet:

»Arbeitgeber und Betriebsrat haben die freie Entfaltung der Persönlichkeit der im Betrieb beschäftigten Arbeitnehmer zu schützen und zu fördern. (…)«

Außerdem darf ihr Handeln nicht diskriminierend sein:

»Arbeitgeber und Betriebsrat haben darüber zu wachen (...), dass jede Benachteiligung von Personen aus Gründen ihrer Rasse oder wegen ihrer ethischen Herkunft, ihrer Abstammung oder sonstigen Herkunft, ihrer Nationalität, ihrer Religion oder Weltanschauung, ihrer Behinderung, ihres Alters, ihrer politischen oder gewerkschaftlichen Betätigung oder Einstellung oder wegen ihres Geschlechts oder ihrer sexuellen Identität unterbleibt.«

So steht es in § 75 Abs. 1 BetrVG. Diese Grundsätze formulieren die vom Grundgesetz geschützten **Persönlichkeits- und Gleichheitsrechte** der Beschäftigten und geben ihnen damit im Betrieb Geltung. Der Schutz dieser Rechte ist ferner durch viele Gesetze ausgestaltet, deren Regelungen die Betriebsparteien ebenfalls beachten müssen. In der Praxis von besonderer Bedeutung sind die Diskriminierungsverbote aus dem Allgemeinen Gleichbehandlungsgesetz (AGG) und dem Teilzeit- und Befristungsgesetz. Aber auch der Schutz der informationellen Selbstbestimmung durch die Regelungen des Bundesdatenschutzgesetzes (BDSG) und die EU-Datenschutzgrundverordnung (EU-DSGVO) gehört hierzu. Es ist also Pflicht der Betriebsparteien, bei Ausgestaltung der Arbeitsbedingungen, diese zu beachten und keine Regelungen in Betriebsvereinbarungen zu treffen, die diese Rechte verletzen oder einschränken.

Beispiele:

- Eine Betriebsvereinbarung über eine betriebliche Sonderzahlung darf nicht vorsehen, dass Teilzeitkräfte oder Beschäftigte, die älter als 60 Jahre alt sind, von dieser ausgeschlossen werden. Zu beachten ist dabei, dass auch geringfügig Beschäftigte, sogenannte Minijobber, Teilzeitkräfte sind und insoweit nicht diskriminiert werden dürfen. Das würde gegen das Teilzeit- und Befristungsgesetz und das AGG verstoßen.
- Rechtlich nicht zulässig ist eine Betriebsvereinbarung, die es den Beschäftigten am Arbeitsplatz verbietet, über die Forderungen der Gewerkschaft in der Tarifrunde zu diskutieren, denn dies würde sowohl gegen die Meinungsfreiheit der Beschäftigten, die in Art. 5 GG geschützt ist, als auch gegen das Recht, sich gewerkschaftlich zu organisieren (Art. 9 Abs. 3 GG), verstoßen.
- Eine Betriebsvereinbarung, die vorsieht, dass Schwerbehinderte oder ihnen Gleichgestellte an einer betrieblichen Weiterbildung nur teilnehmen können, wenn sie einen Test bestehen, den nicht schwerbehinderte Beschäftigte nicht absolvieren müssen, würde gegen das AGG verstoßen und wäre damit unwirksam.
- Eine Betriebsvereinbarung, die Beschäftigten eine Impfpflicht auferlegt, würde gegen die allgemeine Handlungsfreiheit der Beschäftigten ver-

stoßen und wäre damit unwirksam, sofern es keine gesetzliche bzw. grundrechtskonforme Impfpflicht gibt.

Informationelle Selbstbestimmung

Ein weiteres Themenfeld, in dem diese Einschränkungen eine besondere Bedeutung in der Praxis der Betriebsratsarbeit hat, ist die **Überwachung** der Beschäftigten durch **technische Einrichtungen** (§ 87 Abs. 1 Nr. 6 BetrVG) etwa durch Videoüberwachung oder durch den Einsatz von Hard- oder Software als Arbeitsmittel. Durch den Einsatz solcher technischer Einrichtungen ist nämlich immer das **Grundrecht der Beschäftigten auf informationelle Selbstbestimmung**, das in Art. 2 GG in Verbindung mit Art. 1 GG und durch das Beschäftigtendatenschutzrecht geschützt ist, berührt. Zwar darf im Einzelfall Videoüberwachung oder eine Software, die die Leistung und das Verhalten der Beschäftigten überwacht, eingesetzt werden. Die durch eine Betriebsvereinbarung getroffenen Regelungen dürfen aber nicht dazu führen, dass die Beschäftigten einer permanenten Überwachung oder auch nur einer ständigen Überwachungsmöglichkeit ausgesetzt sind.[41] Außerdem ist bei solchen Betriebsvereinbarungen immer der Grundsatz der Verhältnismäßigkeit zu beachten, der vorsieht, dass die Erfassung von Beschäftigtendaten und eine Leistungs- und Verhaltenskontrolle nur erfolgen darf, wenn es zur Aufgabenerledigung erforderlich ist und dies auf ein Minimum beschränkt wird.

b. Gesetze und sonstige Rechtsakte

Gesetzesvorbehalt

Die Betriebsparteien müssen bei Abschluss einer Betriebsvereinbarung selbstverständlich auch die gesetzlichen Regelungen, die zu Gunsten der Beschäftigten wirken, beachten und dürfen keine Regelungen vereinbaren, die diese verschlechtern. Unter diesen Gesetzesvorbehalt fallen neben Gesetzen auch andere Rechtsakte wie Rechtsverordnungen und Verwaltungsakte.

Begriffserklärung:
Rechtsverordnungen beruhen auf einem Gesetz und werden von dem jeweiligen Ministerium für alle Unternehmen und Betriebe erlassen. Eine der bekanntesten Verordnungen ist die Arbeitsstättenverordnung. Ein **Verwaltungsakt** wird von einer Behörde auf Grund eines Gesetzes bzw. einer Rechtsverordnung erlassen und gilt nur für einen Betrieb. Das ist z.B. der

41 BAG 27.7.2019 2 AZR 651/16; 25.4.2017 – 1 ABR 46/15; 13.12.2016 – 1 ABR 7/15.

Fall, wenn das Amt für Arbeitsschutz dem Betreiber einer Autowerkstatt verbietet, eine bestimmte Hebebühne zu benutzen. Auch die Erlaubnis zur ausnahmsweisen Sonntagsarbeit für einen bestimmten Betrieb stellt einen Verwaltungsakt dar.

Die Betriebsparteien müssen alle diese Regelungen beim Abschluss einer Betriebsvereinbarung beachten und dürfen keine für die Beschäftigten **schlechteren** Regelungen treffen.

Beispiele:
So darf eine Betriebsvereinbarung beispielsweise nicht vorsehen, dass in einem Betrieb täglich 12 Stunden gearbeitet werden darf, denn dies ist durch die Regelungen des Arbeitszeitgesetzes ausgeschlossen. Auch darf eine Betriebsvereinbarung nicht vorsehen, dass die Entgeltfortzahlung im Krankheitsfall schon nach vier Wochen endet, denn das Entgeltfortzahlungsgesetz sieht hierfür einen Zeitraum von sechs Wochen vor. Die Betriebsparteien könne aber sehr wohl eine Betriebsvereinbarung abschließen, die vorsieht, dass nach einer längeren als sechswöchigen Arbeitsunfähigkeit ein Krankengeldzuschuss gezahlt wird, denn dies ist eine bessere Regelung als die im Entgeltfortzahlungsgesetz vorgesehene.

2. Der Tarifvorbehalt nach § 77 Abs. 3 BetrVG als Grenze einer Betriebsvereinbarung

Eine weitere Regelungssperre, die die Betriebsparteien zu beachten haben, ist der so genannte Tarifvorbehalt in § 77 Abs. 3 BetrVG. Dieser sieht vor, dass

»Arbeitsentgelte und sonstige Arbeitsbedingungen, die durch einen Tarifvertrag geregelt sind oder üblicherweise geregelt werden, können nicht Gegenstand einer Betriebsvereinbarung sein. (…)«

Begriffserklärung:
Unter **Arbeitsbedingungen** sind alle Fragen und Regelungen zu verstehen, die unmittelbar oder mittelbar das Arbeitsverhältnis betreffen. Dies können Fragen der Arbeitszeit, der Lohngestaltung, des Urlaubsanspruchs, der Kündigungsfristen, der Gewährung von Altersteilzeit und vieles mehr sein. Der Begriff ist weit auszulegen und erfasst alle Dinge, die mit dem Arbeitsverhältnis in Verbindung stehen können.

a. Zweck des Tarifvorbehalts

Art. 9 Abs. 3 GG

Der Tarifvorbehalt des § 77 Abs. 3 BetrVG bedeutet, dass Fragen, die in einem Tarifvertrag geregelt sind, nicht durch die Betriebsparteien in einer Betriebsvereinbarung geregelt werden können. Die Gegenstände, die in einem Tarifvertrag geregelt sind, sind einer Betriebsvereinbarung als Regelungsgegenstände vollständig entzogen.[42] Hierdurch soll sichergestellt werden, dass ein Arbeitgeber durch den Abschluss einer Betriebsvereinbarung tarifvertragliche Regelungen nicht ändert und damit den Tarifvertrag untergräbt. Die Regelung des Tarifvorbehalts dient damit dazu, die durch Art. 9 Abs. 3 GG geschützte Betätigungsfreiheit und die Funktionsfähigkeit der Tarifparteien – also der Gewerkschaften auf Seiten der Beschäftigten und der Arbeitgeberverbände auf Seiten der Arbeitgeber – zu gewährleisten und sicherzustellen.

b. Reichweite des Tarifvorbehalts

aa. Regelung durch Tarifvertrag

Tarifbindung kein Muss

Der Tarifvorbehalt greift immer dann, wenn die entsprechende Regelung entweder **Gegenstand eines Tarifvertrags** oder üblicherweise Gegenstand eines Tarifvertrags ist. Die Regelungssperre wird dann ausgelöst, wenn eine tarifvertragliche Regelung besteht, wenn also ein Tarifvertrag einen bestimmten Gegenstand, z. B. Umfang der Sollarbeitszeit, Begrenzung von Mehrarbeit oder anderes, regelt. Eine solche tarifliche Regelung löst die Sperre des Tarifvorbehalts aus, wenn der betroffene Betrieb dem räumlichen, betrieblichen, fachlichen und persönlichen Geltungsbereich des Tarifvertrags unterliegt. Das ist immer der Fall, wenn der **Arbeitgeber selbst tarifgebunden** ist, wenn er also Mitglied des den Tarifvertrag abschließenden Arbeitgeberverbands ist. Der Tarifvorbehalt geht aber noch weiter, denn er gilt unabhängig davon, ob der Arbeitgeber tatsächlich tarifgebunden ist oder nicht.[43] Der Tarifvorbehalt gilt nämlich auch für Arbeitgeber, die nicht im Arbeitgeberverband Mitglied sind und damit **tarifungebunden** sind. Voraussetzung ist nur, dass der Tarifvertrag gelten würde, wenn der Arbeitgeber sich entscheiden würde, dem Arbeitgeberverband beizutreten. Die Regelungssperre des Tarifvorbehalts gilt also auch für **nicht tarifgebundene Betriebe**. Der Tarifvertrag schränkt damit die Handlungsmöglichkeit aller Betriebsräte der Branche ein, für den dieser abgeschlossen ist. Besteht in einer Branche damit ein Tarifvertrag,

---

42 Vergleiche zum Beispiel BAG 17. 8. 2021 – 1 AZR 59/20.

43 BAG 25. 2. 2015 – 5 AZR 481/13; 10. 10. 2006 – 1 ABR 59/05.

so können alle Betriebsräte dieser Branche keine Betriebsvereinbarungen über die Gegenstände dieses Tarifvertrags abschließen, unabhängig davon, ob ihr Arbeitgeber im Arbeitgeberverband ist oder nicht.

Hinweis:
Der Tarifvorbehalt des § 77 Abs. 3 BetrVG gilt somit nur in wenigen Branchen nicht: nämlich in denen, für die es keinen Arbeitgeberverband gibt und daher keine Tarifverträge existieren. Das ist z. B. die **IT-Branche**. Zwar sind die Beschäftigten in dieser Branche organisiert, z. B. bei der IG-Metall oder ver.di. Sie haben aber als Gewerkschaft keinen Verhandlungspartner, da es keinen Arbeitgeberverband in der Branche gibt. Daher kann es auch keinen Tarifvertrag geben, der Regelungen enthält, der den Tarifvorbehalt auslöst und damit den Betriebsparteien Regelungsgegenstände entzieht. Etwas anderes gilt in dieser Branche nur in den Betrieben oder Unternehmen, in denen eine Gewerkschaft es durchgesetzt hat, dass ein **Haus- oder Firmentarifvertrag** Anwendung findet. In diesen Betrieben mit Haustarifvertrag findet § 77 Abs. 3 BetrVG und der darin geregelte Tarifvorbehalt ebenfalls Anwendung, so dass die Regelungen des Haustarifvertrags nicht Gegenstand einer Betriebsvereinbarung sein können. Diese Grundsätze gelten auch in einer weiteren Branche, nämlich die der **freien Wohlfahrtspflege** (Kinderbetreuung, Alten- und Behindertenpflege, u. ä.). Denn es gibt nach wie vor keinen Arbeitgeberverband der freien Wohlfahrtspflege; zwar haben sich die sechs größten privaten Wohlfahrtsverbände in einer Bundesarbeitsgemeinschaft organisiert, diese tritt jedoch ausdrücklich nicht als Arbeitgeberverband auf.

bb. Die Tarifüblichkeit

Reichweite des Tarifvorbehalts

Der Tarifvorbehalt gilt aber auch dann, wenn eine Regelung üblicherweise in einem Tarifvertrag geregelt ist. Ob eine Regelung **tarifüblich** ist, ergibt sich aus der Tarifpraxis der jeweiligen Branche. Eine Tarifüblichkeit ist immer dann gegeben, wenn ein Tarifvertrag gekündigt wurde, die Geltungsdauer bereits **abgelaufen** ist, die Tarifvertragsparteien jedoch in Neuverhandlungen eingetreten sind und ein Neuabschluss zu erwarten ist.[44] Die bloße Absicht, einen (neuen) Gegenstand in einen Tarifvertrag aufzunehmen, begründet noch nicht die Tarifüblichkeit. Die Tarifüblichkeit entfällt, wenn endgültig feststeht, dass eine Regelung bisher immer im Tarifvertrag vereinbart war, aber zukünftig **entfallen** soll. Ein Beispiel ist hier in der Bankenbranche die Möglichkeit, für ältere Beschäftigte zum nahtlosen Übergang in die Altersrente den so genannten Vorruhestand zu realisieren. Dies war über viele Jahr Gegenstand im Manteltarifvertrag.

44 BAG 5. 3. 2013 – 1 AZR 417/12.

Der Vorruhestand ist jedoch als Instrument entfallen und nicht mehr tariflich geregelt. Er ist auch nicht mehr Gegenstand von Tarifverhandlungen, so dass keine Tarifüblichkeit mehr besteht.

c. Wirkung des Tarifvorbehalts

Entzug der Regelungsbefugnis

Die Wirkung des Tarifvorbehalts ist für die Betriebsparteien sehr weitreichend: Regelungsgegenstände, die in einem Tarifvertrag geregelt oder üblicherweise geregelt sind, dürfen nicht Gegenstand einer Betriebsvereinbarung sein. Die Themen, die dem Tarifvorbehalt unterliegen, sind damit als Regelungsgegenstände den Betriebsparteien vollständig entzogen. Verstoßen die Betriebsparteien gegen diesen Grundsatz und treffen in einer Betriebsvereinbarung dennoch Regelungen über einen Gegenstand, der dem Tarifvorbehalt unterliegt, so ist diese Regelung **unwirksam.**[45] Wichtig zu wissen ist dabei, dass dies auch dann gilt, wenn die Betriebsvereinbarung eine **bessere** Regelung als der Tarifvertrag enthält.[46] Das bedeutet, dass tarifvertragliche Regelungen auch dann nicht Gegenstand einer Betriebsvereinbarung werden können, wenn durch die Betriebsvereinbarung für die Beschäftigten des Betriebs günstigere Regelungen geschaffen werden.

! **Somit sind auch Betriebsvereinbarungen, die gegenüber einem Tarifvertrag eine günstigere Regelung für die Beschäftigten enthalten, unwirksam.**

Es ist also nicht möglich, einen Anspruch, der in einem Tarifvertrag geregelt ist, durch eine Betriebsvereinbarung zu verändern; dieser tarifvertragliche Anspruch darf durch die Betriebsparteien weder verschlechtert noch verbessert werden.

> **Beispiel:**
> Ist in einem Tarifvertrag z. B. ein Zuschlag für Nachtarbeit in Höhe von 50 % vereinbart, so darf durch eine Betriebsvereinbarung dieser weder auf 30 % abgesenkt noch auf 75 % angehoben werden. Eine solche Betriebsvereinbarung wäre unwirksam, egal ob sie die tarifvertragliche Regelung verbessert oder verschlechtert.

45 BAG 17.8.2021 – 1 AZR 50/20.

46 BAG 26.2.1986 – 4 AZR 535/84.

Solche unwirksamen Betriebsvereinbarungen entfalten **keine unmittelbare und zwingende Geltung**. Eine unwirksame Betriebsvereinbarung gewährt den Beschäftigten somit keinen rechtlichen Anspruch.

d. Ausnahme vom Tarifvorbehalt

Öffnungsklausel

Die Regelung über den Tarifvorbehalt mit der Folge, dass die Betriebsparteien keine Betriebsvereinbarung über dieses Thema abschließen können, gilt nur dann nicht, wenn der Tarifvertrag selbst eine so genannte Öffnungsklausel enthält. Das ist ebenfalls in § 77 Abs. 3 BetrVG geregelt. Dort heißt es in Satz 2:

»Dies gilt nicht, wenn ein Tarifvertrag den Abschluss ergänzender Betriebsvereinbarungen ausdrücklich zulässt.«

Räumt also ein Tarifvertrag den Betriebsparteien ausdrücklich die Möglichkeit ein, ergänzende betriebliche Regelungen zu treffen, so können die Betriebsparteien durch Abschluss einer Betriebsvereinbarung dieses Thema bzw. diesen Gegenstand ausdrücklich regeln. Gibt ein Tarifvertrag eine solche Möglichkeit vor, nennt man dies eine **betriebsvereinbarungsoffene** Tarifregelung. Wichtig ist dabei, dass die Betriebsvereinbarung dann die tariflichen Regelungen unbedingt einhalten muss und den vorgegebenen Rahmen nicht verändern darf. Eine solche Öffnungsklausel muss im Tarifvertrag selbst enthalten sein, sie muss sich also direkt aus dem Text des Tarifvertrags ergeben.

Beispiel:
Solche betriebsvereinbarungsoffenen Regelungen finden sich häufig in Tarifverträgen, die die Lage der tarifvertraglichen Arbeitszeit flexibilisieren. Manche Tarifverträge sehen z. B. vor, dass bis zu 16 Stunden im Monat Mehrarbeit geleistet werden kann. Die Einzelheiten über die Festlegung der Mehrarbeit und deren Abbau sollen dabei durch die Betriebsparteien im Wege einer Betriebsvereinbarung ausgestaltet werden.

3. Die Einschränkung durch Tarifvertrag bei Betriebsvereinbarungen nach § 87 Abs. 1 BetrVG

Soziale Angelegenheiten

Auch § 87 Abs. 1 BetrVG sieht in seinem Eingangssatz vor, dass dem Betriebsrat ein Mitbestimmungsrecht in den dort genannten Themenfeldern nur zusteht, wenn eine tarifliche Regelung nicht besteht.
Hier stellt sich die Frage, wie diese Regelung zu verstehen ist, insbesondere ob sie die gleiche Reichweite hat, wie der Tarifvorbehalt des § 77 Abs. 3 BetrVG. Die langjährige Rechtsprechung des Bundesarbeitsgerichts beantwortet diese Frage wie folgt: im Rahmen der **echten Mitbestimmung** in sozialen Angelegenheiten des § 87 Abs. 1 BetrVG gelten die Regelungen des § 77 Abs. 3 BetrVG nicht. Deshalb ist das Mitbestimmungsrecht des Betriebsrats in sozialen Angelegenheiten nur dann eingeschränkt oder ausgeschlossen, wenn erstens ein Tarifvertrag im Betrieb gilt und zweitens der Tarifvertrag eine abschließende Regelung für das in einer Ziffer des § 87 Abs. 1 BetrVG genanntes Thema enthält.[47]

a. Geltung eines Tarifvertrags

Tatsächlich tarifgebundener Arbeitgeber

Ein Tarifvertrag gilt in einem Betrieb nur dann, wenn der Arbeitgeber tatsächlich tarifgebunden ist. Das ist der Fall, wenn er selbst **Mitglied im Arbeitgeberverband** ist oder er mit einer Gewerkschaft einen nur für ihn geltenden **Firmen- oder Haustarifvertrag** abgeschlossen hat. Auch in Fällen der **Allgemeinverbindlichkeit** ist von einer Geltung eines Tarifvertrags i. S. d. § 87 Abs. 1 BetrVG auszugehen. Das bedeutet, dass in einem Betrieb eines nicht tarifgebundenen Arbeitgebers die Gegenstände des Katalogs des § 87 Abs. 1 BetrVG ohne Rücksicht auf tarifliche Regelungen durch eine Betriebsvereinbarung geregelt werden können. Dabei muss aber immer berücksichtigt werden, dass dies nur für die dort ausdrücklich genannten Gegenstände und in dem dort genannten Umfang gilt. Das bedeutet, dass die Betriebsräte immer genau wissen müssen, was genau und konkret Gegenstand der Mitbestimmung nach § 87 Abs. 1 BetrVG ist.

47 BAG 22. 10. 2019 – 3 AZR 429/20; 13. 8. 2019 – 1 AZR 213/18; 22. 3. 2005 – 1 ABR 64/03; 3. 12. 1991 – GS 2/90.

Beispiel:
Die Mitbestimmung des Betriebsrats bei der Gestaltung der betrieblichen Arbeitszeit ist in § 87 Abs. 1 Nr. 2 und Nr. 3 BetrVG geregelt. Demnach ist Gegenstand der Mitbestimmung des Betriebsrats die Lage und Verteilung der Arbeitszeit auf die einzelnen Wochentage sowie Regelungen für die vorübergehende Verlängerung oder Verkürzung der Arbeitszeit. Ein Mitbestimmungsrecht gibt es damit nur für Überstunden, nicht aber für die Verlängerung der Sollarbeitszeit auf Dauer. Das bedeutet, dass ein Betriebsrat auch in einem nichttarifgebundenen Betrieb die regelmäßige Arbeitszeit nicht durch eine erzwingbare Betriebsvereinbarung erhöhen kann. Ein Betriebsrat in einem tarifgebundenen Betrieb kann dies wegen der Regelung des § 77 Abs. 3 BetrVG nicht. Ein Betriebsrat in einem nicht tarifgebundenen Betrieb kann dies aber auch nicht, da § 87 Abs. 1 Nr. 2 und Nr. 3 BetrVG ihn hierzu nicht berechtigt. Der Betriebsrat in einem nichttarifgebundenen Betrieb könnte allenfalls im Rahmen eines betrieblichen Entgeltsystems Zuschläge für Mehrarbeit versuchen zu erreichen, denn diesbezüglich könnte er sich auf § 87 Abs. 1 Nr. 10 BetrVG berufen. Solche Mehrarbeitszuschläge kann und braucht ein Betriebsrat eines tarifgebundenen Betriebs nicht vereinbaren, denn solche Zuschläge sind regelmäßig in einem Tarifvertrag vereinbart.

Im Ergebnis bedeutet dies, dass in Bezug auf die Gegenstände der sozialen Mitbestimmung nach § 87 Abs. 1 BetrVG ein Tarifvertrag nur dann die Möglichkeit des Abschlusses einer Betriebsvereinbarung ausschließt, wenn dieser Tarifvertrag auch tatsächlich im Betrieb gilt, wenn also der Arbeitgeber tarifgebunden ist. Im Rahmen der Mitbestimmung in sozialen Angelegenheiten ist das Mitbestimmungsrecht der Betriebsräte in nichttarifgebundenen Betrieben weitergehend als in tarifgebundenen Betrieben. Diese Erweiterung bezieht sich aber nur auf die in § 87 Abs. 1 BetrVG genannten Themen.

b. Abschließende Regelung im Tarifvertrag

Keine Gestaltungsmöglichkeit

Die tarifvertragliche Regelung muss abschließend sein. Nur eine **abschließende Regelung** verdrängt das Mitbestimmungsrecht des Betriebsrats im Rahmen des § 87 Abs. 1 BetrVG in tarifgebundenen Betrieben. Das ist dann der Fall, wenn der Tarifvertrag eine eindeutige Regelung enthält und den Betriebsparteien keinerlei Gestaltungsmöglichkeiten einräumt. Nur dann ist eine Regelungsmöglichkeit für den Betriebsrat in einem tarifgebundenen Betrieb ausgeschlossen. Wenn also der Tarifvertrag den Betriebsparteien eine Regelungsmöglichkeit einräumt, ist das Mitbestimmungsrecht auch in tarifgebundenen Betrieben nicht ausgeschlossen oder verdrängt.

Beispiel:
Das kann z. B. der Fall sein, wenn der Tarifvertrag eine Leistungszulage vorsieht, deren Höhe bis zu 10 % betragen kann. In einem solchen Fall kann der Betriebsrat eine Betriebsvereinbarung zur Leistungszulage abschließen und dabei sowohl die Einzelheiten der Leistungsbewertung als auch die konkrete Regelung zur Bestimmung der jeweiligen Höhe der Zulage vereinbaren. Das würde nur dann eingeschränkt sein, wenn der Tarifvertrag selbst festlegt, wie die Leistung zu bewerten ist und wie die Höhe pro Beschäftigten jeweils konkret zu bestimmen ist. Ein Betriebsrat in einem nichttarifgebundenen Betrieb hat die Möglichkeit, eine solche Leistungszulage vorzuschlagen; da diese dort aber eine freiwillige Leistung im Sinne des § 87 Abs. 1 Nr. 11 BetrVG ist, kann er diese rechtlich nicht durchsetzen, wenn der nichttarifgebundene Arbeitgeber nicht bereit ist, eine solche zu gewähren.

Im Ergebnis bedeutet dies, dass Betriebsräte in tarifgebundenen Unternehmen zwar in den Mitbestimmungsmöglichkeiten durch die Tarifverträge eingeschränkt sind. Sie stehen diesbezüglich aber nicht so stark unter Verhandlungsdruck, denn die Tarifverträge gewährleisten eine Vielzahl von Arbeitsbedingungen – u. a. von der Wochenarbeitszeit, über die Anzahl von Urlaubstagen bis hin zur Grundvergütung und einer Vielzahl von Zulagen –, die Betriebsräte ohne Tarifbindung im Wege der Betriebsverfassung nicht erreichen können, den der § 87 Abs. 1 BetrVG gibt ihnen hierzu in vielen Fällen keine rechtliche Handhabe.

IX. Rechtsfolgen einer fehlerhaften Betriebsvereinbarung

1. Die Unwirksamkeit der Betriebsvereinbarung

Kein Rechtsanspruch

Beachten die Betriebsparteien die vorgegebenen gesetzlichen und tarifvertraglichen Regelungen für eine Betriebsvereinbarung nicht, so sind diese Regelungen **unwirksam**. Das bedeutet, dass die Regelungen keine unmittelbare und zwingende Wirkung entfalten. Sie begründen damit keine Rechtsansprüche für die Beschäftigten. Die Unwirksamkeit einer Regelung in einer Betriebsvereinbarung kann sich daraus ergeben, dass sie gegen ein Gesetz verstößt oder die Persönlichkeitsrechte der Beschäftigten verletzt oder unangemessen einschränkt. Sie kann sich auch daraus ergeben, dass die Betriebsparteien die Grenzen ihrer Regelungsmöglichkeiten, die in den Regelungssperren aus § 77 Abs. 3 BetrVG und/oder aus § 87 Abs. 1 BetrVG beschrieben sind, nicht beachten und Regelungen vereinbaren, zu denen sie nicht befugt sind.

2. Die Teilunwirksamkeit der Betriebsvereinbarung

Teilunwirksamkeit möglich

Wenn einzelne Regelungen unwirksam sind, stellt sich die Frage, was mit dem Rest der Betriebsvereinbarung ist. Für die Unwirksamkeit von Regelungen aus einer Betriebsvereinbarung gilt der Grundsatz, dass die Unwirksamkeit einer oder mehrerer Regelungen aus einer Betriebsvereinbarung grundsätzlich nicht die Unwirksamkeit der gesamten Betriebsvereinbarung zur Folge hat. Vielmehr bleibt der Rest der Betriebsvereinbarung gültig und wirksam. Die Betriebsvereinbarung ist in der Regel also **teilunwirksam**, gilt im Übrigen aber weiter. Dies gilt aber nur solange, wie der Rest der Betriebsvereinbarung für sich genommen eine

sinnvolle und in sich geschlossene Regelung enthält.[48] Das bedeutet im Grundsatz, dass wenn die tragenden Regelungen einer Betriebsvereinbarung unwirksam sind, die gesamte Betriebsvereinbarung unwirksam sein wird, denn die weiteren Regelungen können häufig keine sinnvolle und in sich geschlossene Regelung (mehr) bilden. Da im Ergebnis der Betriebsrat ein Thema nicht nur teilweise, sondern vollständig in einer Betriebsvereinbarung regeln will, sollte er Wert darauflegen, dass alle vereinbarten Regelungen wirksam sind, denn eine Teilunwirksamkeit rettet zwar einen Teil der vereinbarten Regelungen, aber gerade nicht das Gesamtergebnis.

> **Hinweis:**
> Dies bedeutet für die Praxis, dass Betriebsräte bei der Verhandlung von Betriebsvereinbarungen immer sehr genau beachten müssen, welche rechtlichen Regelungen im Betrieb gelten. Hierzu gehören neben den gesetzlichen Regelungen vor allem die tariflichen. Dies gilt gleichermaßen für Betriebsräte in nicht tarifgebundenen Betrieben: Sie müssen ebenfalls neben den gesetzlichen die tariflichen Regelungen kennen, denn auch in diesen Betrieben können sich Grenzen für das eigene Handeln aus allen diesen Regelungen ergeben. Dies ist wichtig, um gute und wirksame Regelungen in einer Betriebsvereinbarung abschließen zu können.

3. Umdeutung in eine betriebliche Übung?

Näheres zu Betrieblicher Übung und Gesamtzusage in Band 6

Wenn eine Betriebsvereinbarung unwirksam ist und damit keine Rechtsgrundlage für einen Anspruch der Beschäftigten sein kann, stellt sich die Frage, ob diese unwirksame Betriebsvereinbarung nicht in eine arbeitsvertragliche Rechtsgrundlage umgedeutet werden kann, etwa in eine betriebliche Übung oder eine Gesamtzusage.

> **Beispiel:**
> Im Betrieb besteht seit mehreren Jahren eine Betriebsvereinbarung zur Schichtarbeit, die auch Nachtschicht beinhaltet. Vereinbart ist ein Nachtzuschlag von 75 %. Im gültigen Tarifvertrag ist ein Nachtzuschlag von 50 % vereinbart. Der Arbeitgeber hat seit Inkrafttreten der Betriebsvereinbarung immer die 75 % gezahlt. Als ein neuer Personalleiter beginnt, stellt dieser fest, dass diese Regelung in der Betriebsvereinbarung gegen § 77 Abs. 3 BetrVG verstößt (Tarifvorbehalt) und unwirksam ist. Er verkündet daher, dass ab sofort nur noch die 50 % Nachtzuschlag gezahlt werden.

48 BAG 5.5.2015 – 1 AZR 435/13; 24.4.2013 – 7 ABR 71/11.

Es stellt sich nun die Frage, ob die Beschäftigten wegen der langjährigen Zahlung trotz der Unwirksamkeit der Betriebsvereinbarung weiterhin den höheren Zuschlag verlangen können. Das würde nur gehen, wenn die unwirksame Betriebsvereinbarung wegen der bisherigen vorbehaltlosen Zahlung durch den Arbeitgeber in eine betriebliche Übung oder in eine Gesamtzusage, also eine andere Rechtsgrundlage für die Beschäftigten, umgedeutet, also uminterpretiert, werden kann. Nach der Rechtsprechung des Bundesarbeitsgerichts ist eine solche Umdeutung nur in wenigen **Ausnahmefällen** möglich. Allein das Gewähren einer Leistung, die in einer unwirksamen Betriebsvereinbarung geregelt ist, genügt nicht, um eine solche Umdeutung in eine andere Rechtsgrundlage zu begründen. Vielmehr müssen weitere **eindeutige** Umstände hinzukommen, aus denen sich ergibt, dass der Arbeitgeber diese Leistungen unabhängig von der Wirksamkeit auf jeden Fall gewähren wollte.[49] Das bedeutet, dass neben der reinen Zahlung der Leistung noch weitere Umstände erkennbar sein müssen, etwa eindeutige Äußerungen des Arbeitgebers gegenüber dem Betriebsrat oder der Belegschaft, dass er die Leistung aus der unwirksamen Betriebsvereinbarung auf jeden Fall zahlen will, weil er die Beschäftigten z. B. für ihre Motivation belohnen will. Aus dem Verhalten des Arbeitgebers muss sich immer erkennen lassen, dass er um die Unwirksamkeit der Betriebsvereinbarung wusste, aber dennoch **auf jeden Fall** zahlen wollte. Kann der Betriebsrat oder der Beschäftigte dies nicht nachweisen, dann ist es nicht möglich, die unwirksame Betriebsvereinbarung umzudeuten und es bleibt dabei, dass den Beschäftigten der Anspruch nicht zusteht. Die Umdeutung ist damit nur ausnahmsweise möglich; deren Umsetzung mit der Folge, dass der Anspruch für die Beschäftigten besteht, ist mit sehr hohen Hürden verbunden.

49 BAG 9.11.2021 – 1 AZR 206/20; 26.1.2017 – 2 AZR 405/16; 23.2.2016 – 3 AZR 960/13.

X. Durchsetzbarkeit einer Betriebsvereinbarung

Merkliste zur Durchsetzbarkeit auf Seite 83

Die Frage der Durchsetzbarkeit einer Betriebsvereinbarung stellt sich in zwei Richtungen: Zum einen muss gefragt werden, ob und wie der Betriebsrat vom Arbeitgeber den Abschluss einer Betriebsvereinbarung verlangen kann. Zum anderen geht es darum, wie der Betriebsrat sicherstellen kann, dass der Arbeitgeber sich an die Regelungen einer Betriebsvereinbarung hält und nicht von dem Vereinbarten abweicht. Die erste Frage zielt damit darauf ab, ob der Betriebsrat den Abschluss einer Betriebsvereinbarung erzwingen kann, die zweite Frage darauf, wie der Betriebsrat die Einhaltung der vereinbarten Regelungen durchsetzen kann.

1. Durchsetzbarkeit des Abschlusses einer Betriebsvereinbarung

Verhandlungen und Gespräche

Will der Betriebsrat ein bestimmtes Thema oder Gegenstand durch eine Betriebsvereinbarung regeln, ist der erste Schritt immer, den Arbeitgeber zu Gesprächen und Verhandlungen hierzu aufzufordern. Führen diese Gespräche zu einem gemeinsamen Ergebnis, wird am Ende in der Regel eine Betriebsvereinbarung abgeschlossen.

Schwierig wird es, wenn der Arbeitgeber sich Gesprächen verweigert oder die Gespräche nicht zu einer Einigung führen. Dann stellt sich nämlich die Frage, ob der Betriebsrat eine Möglichkeit hat, den Arbeitgeber rechtlich zu zwingen, eine Betriebsvereinbarung mit ihm abzuschließen. Die Beantwortung dieser Frage hängt vom **Gegenstand** ab, welcher in einer Betriebsvereinbarung geregelt werden soll.

a. Durchsetzbarkeit bei echter Mitbestimmung

Näheres zur echten Mitbestimmung in Band 1

Ist der Gegenstand ein Thema der echten Mitbestimmung, dann kann der Betriebsrat den Abschluss einer Betriebsvereinbarung verlangen und rechtlich durchzusetzen. Die echte Mitbestimmung ist nämlich gerade dadurch gekennzeichnet, dass der Betriebsrat eine Regelung **verlangen** kann. Dies ist das Wesen der echten Mitbestimmung, weshalb der Betriebsrat für den Fall, dass der Arbeitgeber eine Regelung verweigert, die Einigungsstelle anrufen kann. Kommt auch in den Verhandlungen in der Einigungsstelle eine Einigung nicht zu Stande, kann der Betriebsrat einen Spruch der Einigungsstelle verlangen und versuchen, seine Vorstellungen im Rahmen dieser Abstimmung durchzusetzen. Verweigert der Arbeitgeber das Verhandeln und/oder das Zusammentreten der Einigungsstelle, so kann der Betriebsrat die Einsetzung der Einigungsstelle vor dem Arbeitsgericht durchsetzen. Die dann vom Arbeitsgericht eingesetzte Einigungsstelle hat die Aufgabe, eine Regelung zu finden. Bei Themen, zu denen dem Betriebsrat ein echtes Mitbestimmungsrecht zusteht, hat er also die Möglichkeit, eine Betriebsvereinbarung auch rechtlich durchzusetzen.

Näheres zu § 87 Abs. 1 BetrVG in Band 5

Der Hauptanwendungsfall der echten Mitbestimmung ist der Bereich der sozialen Angelegenheiten in § 87 Abs. 1 BetrVG.

b. Durchsetzbarkeit bei freiwilligen Themen

Kein rechtlicher Zwang möglich

Anders ist die Situation bei Themen, die nicht der echten Mitbestimmung unterliegen, sondern die Gegenstand von freiwilligen Regelungen und Betriebsvereinbarungen gemäß § 88 BetrVG sind, sowie solchen Themen, in denen dem Betriebsrat lediglich ein Beratungsrecht zusteht. Wie sich hierzu bereits aus dem Begriff ergibt, sind dies Themen, zu denen es keine Verpflichtung gibt, diese zur regeln. Sie sind eben nicht verpflichtend, sondern freiwillig. Daher kann der Betriebsrat zu diesen Themen den Arbeitgeber auch nicht zwingen, eine Regelung oder gar eine Betriebsvereinbarung abzuschließen. In diesen Themenbereichen kann der Betriebsrat den Arbeitgeber zwar zu Gesprächen und Verhandlungen auffordern. Er kann jedoch gerade nicht die Einsetzung einer Einigungsstelle und erst recht nicht den Spruch einer Einigungsstelle rechtlich verlangen. Ihm steht damit rechtlich kein Mittel zur Verfügung, den Arbeitgeber zu einer entsprechenden Regelung zu zwingen. In diesen Themenbereichen ist der Betriebsrat daher auf **betriebspolitisches** Geschick angewiesen. Das bedeutet jedoch nicht, dass der Betriebsrat diese Themen nicht ansprechen und nicht zum Gegenstand seines Handelns machen soll. Im Gegenteil, auch solche Themen soll und muss der Betriebsrat ansprechen und den Arbeitgeber auffordern, hierzu Regelungen zu treffen. Kann der Betriebsrat sich nicht durchsetzen, muss er überlegen, wie er betriebspolitisch agiert und Mittel und Wege finden, wie er doch noch zu einer Regelung kommt. Verweigert der Arbeitgeber trotz aller geschickten Argumente des Betriebsrats eine Regelung, kann versucht werden, auch diese Verweigerung betriebspolitisch zu nutzen.

2. Durchsetzbarkeit von Ansprüchen aus einer Betriebsvereinbarung

a. Durchführungsanspruch

Besteht eine Betriebsvereinbarung, so gelten ihre Regelungen und der Arbeitgeber muss diese einhalten. Dies ergibt sich aus der zwingenden und unmittelbaren Wirkung der Betriebsvereinbarung. Die Regelungen einer Betriebsvereinbarung gelten immer, also nicht nur bei Themen der echten Mitbestimmung, sondern auch bei den Themen einer freiwilligen Betriebsvereinbarung. Denn § 77 Abs. 4 BetrVG gilt für alle Betriebsvereinbarungen unabhängig von ihren Gegenständen.

§ 77 Abs. 1 BetrVG

Hält der Arbeitgeber sich nicht an die getroffenen Regelungen einer Betriebsvereinbarung, stellt sich die Frage, ob der Betriebsrat die Einhaltung rechtlich einfordern kann. Hierzu gibt § 77 Abs. 1 BetrVG eine Antwort:

»Vereinbarungen zwischen Betriebsrat und Arbeitgeber, auch soweit sie auf einem Spruch der Einigungsstelle beruhen, führt der Arbeitgeber durch, (...). Der Betriebsrat darf nicht durch einseitige Handlungen in die Leitung des Betriebs eingreifen.«

Aus dem zweiten Satz ergibt sich eindeutig, dass es dem Betriebsrat nicht möglich ist, durch eigenes Vorgehen im Betrieb dafür zu sorgen, dass die Regelungen der Betriebsvereinbarung eingehalten werden.

> **Beispiel:**
> Stellt der Betriebsrat fest, dass in einer Abteilung die Beschäftigten ihre Arbeitszeit regelmäßig nach 18.00 Uhr – dem in der Betriebsvereinbarung festgelegten Arbeitszeitende – beenden, darf er dennoch diese Beschäftigten nicht nach 18.00 Uhr des Betriebs verweisen.

Aus dem ersten Absatz ergibt sich jedoch eine rechtliche Handlungsmöglichkeit für den Betriebsrat: Betriebsvereinbarung hat der Arbeitgeber durchzuführen. Das bedeutet, dass der Betriebsrat den Arbeitgeber auffordern kann, sich an seine Verpflichtung zur Einhaltung der Regelungen aus der Betriebsvereinbarung zu halten und diese korrekt durchzuführen. Hält der Arbeitgeber sich nicht an die Betriebsvereinbarung, so kann der Betriebsrat ihn auch **arbeitsgerichtlich** verpflichten, die Regelungen der Betriebsvereinbarung einzuhalten und durchzuführen. Das wird **Durchführungsanspruch** des Betriebsrats genannt, den er bei einem Verstoß durch den Arbeitgeber beim Arbeitsgericht durchsetzen kann. Dies ergibt sich aus § 23 Abs. 1 BetrVG in Verbindung mit § 77 Abs. 1 BetrVG.

b. Unterlassungsanspruch

Näheres zum Unterlassungsanspruch in Band 5

Zusätzlich zu diesem Durchführungsanspruch steht dem Betriebsrat ein weiteres rechtliches Instrument zur Seite, um den Arbeitgeber anzuhalten, die Regelungen einer Betriebsvereinbarung einzuhalten. Dieses Instrument nennt man den **allgemeinen Unterlassungsanspruch**. Dieser besagt, dass es dem Betriebsrat möglich ist, bei einem tatsächlichen oder angekündigten Verstoß gegen die Regelungen einer Betriebsvereinbarung den Arbeitgeber aufzufordern, diesen Verstoß zu unterlassen und dies auch vorm Arbeitsgericht durchsetzen zu können.[50] Hält der Arbeitgeber sich an diese Verpflichtung nicht, kann in einem zweiten Schritt ein Ordnungsgeld verhängt werden. Ob bei einem Verstoß des Arbeitgebers gegen die Regelung einer Betriebsvereinbarung der Durchführungsanspruch oder der Unterlassungsanspruch vor dem Arbeitsgericht durchgesetzt wird, hängt von der jeweiligen Situation ab und muss im Betrieb jeweils im Einzelfall entschieden werden. Hierzu sollte der Betriebsrat sich mit dem ihn betreuenden Gewerkschaftssekretär und den ihn betreuenden Juristen absprechen.

50 BAG 15.5.2007 – 1 ABR 32/06; 3.5.1994 – 1 ABR 24/93.

XI. Beendigung einer Betriebsvereinbarung und Nachwirkung

Merkliste Beendigung und Nachwirkung auf Seite 84f.

Eine Betriebsvereinbarung wird in der Regel als unbefristete Regelung vereinbart. Daher stellt sich die Frage, ob eine solche enden kann. An diese Frage schließt sich dann die weitere Frage an, was nach dem Ende der Betriebsvereinbarung mit den getroffenen Regelungen passiert, ob diese wegfallen oder weitergelten. Diese Fragen sind Gegenstand der nachfolgenden Ausführungen.

1. Beendigung einer Betriebsvereinbarung

a. Ablösung

Näheres zum Vertrauensschutz in Kapitel VI. auf Seite 43

Eine Betriebsvereinbarung ist grundsätzlich ein unbefristeter Vertrag. Dennoch können die Betriebsparteien neue Regelungen abschließen und dadurch die Betriebsvereinbarung ändern. In zeitlicher Hinsicht gilt der Grundsatz, dass die jüngere Betriebsvereinbarung die ältere ablöst. Das wird das das **Ablösungsprinzip** genannt. Damit endet die ältere Betriebsvereinbarung zu dem Zeitpunkt, zu dem sich die Betriebsparteien auf eine neuere Betriebsvereinbarung mit demselben Thema geeinigt haben. Dabei ist es auch zulässig, dass die neuere Betriebsvereinbarung ungünstigere Regelungen für die Beschäftigten enthält als die Vorgängerregelung. In diesen Fällen ist allerdings der Vertrauensschutz der Beschäftigten zu beachten.

b. Kündigung

aa. Allgemeines

Kein Grund notwendig

Eine Betriebsvereinbarung kann auch durch **Kündigung** beendet werden. Zur Kündigung berechtigt ist sowohl der Betriebsrat als auch der Arbeitgeber, denn sie sind beide die abschließenden Vertragsparteien. Die fristlose Kündigung einer Betriebsvereinbarung ist nur in seltenen Fällen zulässig und bedarf besonderer Umstände. Eine ordentliche Kündigung ist immer möglich. Enthält die Betriebsvereinbarung keine Regelung zur Kündigung, so beträgt die **Kündigungsfrist** drei Monate. Das ergibt sich aus § 77 Abs. 5 BetrVG. Diese Kündigungsfrist hat als Bezugspunkt nicht das Monatsende oder einen anderen festgelegten Zeitpunkt. Das bedeutet, dass die Kündigungsfrist zu jedem Wochentag enden kann. Außerdem sieht das BetrVG keine bestimmte Form für die Kündigung vor, so dass eine Kündigung - anders als die Betriebsvereinbarung - auch mündlich oder per E-Mail gekündigt werden kann. Wählt der Betriebsrat eine andere Form als die Schriftform zur Kündigung, sollte er jedoch aus Gründen der Nachweisbarkeit den Ausspruch der Kündigung dokumentieren. Wichtig zu wissen ist, dass die Kündigung einer Betriebsvereinbarung **keinen Grund** braucht. Es genügt, dass der Betriebsrat beschließt, die Betriebsvereinbarung zu kündigen. Natürlich sollte er sich genau überlegen, ob und warum er eine Betriebsvereinbarung kündigt. Aber es wird nicht geprüft, ob seine Gründe angemessen oder ausreichend sind.

bb. Teilkündigung

Teilkündigung nur ausnahmsweise

Die Frage, ob eine Betriebsvereinbarung teilweise oder nur als Ganzes gekündigt werden darf, ist im BetrVG nicht geregelt. Daher ist eine Betriebsvereinbarung nach richtiger Auffassung grundsätzlich nur als Ganzes kündbar.[51] Die konkrete Betriebsvereinbarung ist schließlich immer das Ergebnis einer Gesamteinigung und stellt damit in der Regel einen Kompromiss dar. Daher sollte eine Betriebsvereinbarung im Grundsatz nur als Ganzes kündbar sein. Allerdings ist allgemein anerkannt, dass die Betriebsvereinbarung Regelungen zu diesen Kündigungsmöglichkeiten aufstellen darf. Die Betriebsparteien können also sowohl die Möglichkeit einer Teilkündigung als auch die Möglichkeit der alleinigen Kündigung als Ganzes vorsehen. Voraussetzung für eine wirksame Teilkündigung ist immer, dass der nicht gekündigte Teil einen **selbständigen** Teilkomplex bildet und nach der Teilkündigung eine eigenständige Betriebsvereinbarung bilden kann.[52]

cc. Abweichende Regelungen zur Kündigung

Die Betriebsparteien können eine **andere** Kündigungsfrist vereinbaren, also eine längere, aber auch eine kürzere. Sie können darüber hinaus auch

51 Berg in BetrVG Kommentar, Däubler/Klebe/Wedde (Hrsg.), § 77 Rn. 113.
52 BAG 6.11.2007 – 1 AZR 826/06.

weitere Regelungen und Voraussetzungen für eine Kündigung vereinbaren, z. B. die Form der Kündigung festlegen.

> **Beispiele:**
> So kann zum Beispiel nur ein bestimmter Kündigungstermin vereinbart werden: drei Monate zum Kalenderjahresende. Oder es kann eine längere Kündigungsfrist vereinbart werden. Denkbar ist zudem, dass man die Kündigung an bestimmte Voraussetzungen knüpft. So könnte z. B. vereinbart werden, dass vor Ausspruch der Kündigung erst eine erneute Beratung der Betriebsvereinbarung erforderlich ist. Denkbar ist auch, dass eine Kündigung an das Eintreten einer bestimmten Bedingung geknüpft wird. So könnte z. B. vereinbart werden, dass die Kündigung einer Betriebsvereinbarung über eine freiwillige Sonderzahlung nur dann möglich ist, wenn der Jahresumsatz des Betriebs unter einen bestimmten Betrag fällt. Wird eine Betriebsvereinbarung wirksam gekündigt, so endet sie mit Ablauf der Kündigungsfrist.

c. Befristung

Ende mit Ablauf der Befristung

Den Betriebsparteien ist es möglich, eine Betriebsvereinbarung abweichend vom Normalfall nicht unbefristet, sondern nur befristet abzuschließen. Die Betriebsvereinbarung endet dann mit Ablauf der Befristung. Die Befristung kann durch die Vereinbarung eines konkreten **Datums** oder eines bestimmten **Zeitraums** erfolgen. So kann eine Betriebsvereinbarung zum Beispiel für ein bestimmtes Kalenderjahr vereinbart werden oder für den Zeitraum von drei Monaten. Als Befristung kommt auch ein bestimmter **Zweck** in Betracht. So kann zum Beispiel eine Betriebsvereinbarung zum Zweck der Umgruppierung der Beschäftigten in ein neues Entgeltgruppensystem vereinbart werden. Diese Betriebsvereinbarung endet dann zu dem Zeitpunkt, in dem alle Beschäftigten umgruppiert sind. Oder ein Sozialplan, der für eine bestimmte Betriebsänderung vereinbart wurde, endet zu dem Zeitpunkt, in dem alle Maßnahmen der Betriebsänderung umgesetzt sowie alle Leistungen aus dem Sozialplan endgültig in Anspruch genommen sind.

d. Beendigung in sonstigen Fällen

aa. Wegfall des Regelungsgegenstandes

Betriebsschließung

Es kommen auch andere Fälle der Beendigung einer Betriebsvereinbarung in Betracht. Das sind Fälle, in denen die Betriebsvereinbarung keine Wirkung entfalten kann, weil der **Regelungsgegenstand weggefallen** ist. Der plakativste Fall ist der der Betriebsschließung. Wird ein Betrieb endgültig stillgelegt, dann enden alle Betriebsvereinbarungen mit der Schließung, denn es gibt keine Arbeitsbedingungen mehr, die noch geregelt werden können. Denkbar ist das auch für den Fall einer Betriebsvereinbarung, welche die konkreten Arbeitsbedingungen an einer Produktionsmaschine regelt, die endgültig außer Betrieb genommen wird. Bei derartigen Fällen sollte immer genau geprüft werden, welche Regelungen in einer Betriebsvereinbarung enthalten sind und ob tatsächlich alle entfallen oder ob doch ein Teil fortbesteht. Wurde zum Beispiel in einem Betrieb eine Betriebsvereinbarung zur Arbeitszeit im gesamten Betrieb vereinbart, so endet diese nicht, wenn nur ein Bereich stillgelegt wird. Dann gilt nur der Teil der Betriebsvereinbarung nicht, in dem die Arbeitszeiten für den stillgelegten Bereich geregelt sind, die weiteren Regelungen für die weiter aufrechterhaltenen Bereiche gelten weiter.

bb. Eingreifen des Tarifvorbehalts gemäß § 77 Abs. 3 BetrVG

Verdrängung durch Tarifvertrag

Ein weiterer Fall des Wegfalls des Regelungsgegenstands ist gegeben, wenn eine Betriebsvereinbarung einen Gegenstand regelt, der (bisher) nicht in einem Tarifvertrag geregelt ist, aber zu einem **späteren** Zeitpunkt Gegenstand eines Tarifvertrags wird. Denn ab dem Zeitpunkt des Inkrafttretens des Tarifvertrags greift der Grundsatz des Tarifvorbehalts gemäß § 77 Abs. 3 BetrVG und führt dazu, dass die ursprüngliche Betriebsvereinbarung unwirksam wird. Das kann zum Beispiel der Fall sein, wenn in einem Betrieb eine Betriebsvereinbarung zu einer Erschwerniszulage abgeschlossen wurde und in der neuen Tarifrunde diese erstmals Eingang in den Tarifvertrag gefunden hat. Dann wird die Betriebsvereinbarung vom Tarifvertrag verdrängt. Die Betriebsvereinbarung endet mit Inkrafttreten des Tarifvertrags.

2. Nachwirkung von Betriebsvereinbarungen

Es stellt sich nun die Frage, ob nach Ablauf der Betriebsvereinbarung deren Regelungen endgültig wegfallen und dadurch ein nicht geregelter Zustand eintritt. Diese Frage wird durch § 77 Abs. 6 BetrVG beantwortet. Dort heißt es:

»Nach Ablauf einer Betriebsvereinbarung gelten ihre Regelungen in Angelegenheiten, in denen ein Spruch der Einigungsstelle die Einigung zwischen

Arbeitgeber und Betriebsrat ersetzen kann, weiter, bis sie durch eine andere Regelung ersetzt werden.«

a. Was bedeutet Nachwirkung?

Unmittelbare Geltung

Nachwirkung bedeutet, dass die Regelungen einer Betriebsvereinbarung trotz der Beendigung der Betriebsvereinbarung – also nach Ablauf der Kündigungsfrist oder Ende der Befristung – **weiterhin gelten**. Die Nachwirkung führt somit dazu, dass die Betriebsvereinbarung trotz deren Beendigung weiterhin unmittelbar und zwingend gilt. Das bedeutet, die Regelungen müssen weiterhin vom Arbeitgeber angewandt werden und die Beschäftigten können sich immer noch auf die dort vereinbarten Rechte berufen. Allerdings wird durch die Nachwirkung ermöglicht, neue Regelungen zu verhandeln, zu treffen und rechtlich durchzusetzen. Die Nachwirkung lässt also Betriebsvereinbarung bzw. ihre Regelungen fortbestehen. Damit gilt diese auch für Beschäftigte, die erst nach Ablauf der Kündigungsfrist eintreten. Sie führt jedoch dazu, dass ein Zustand der Veränderbarkeit herbeigeführt ist. Eine Nachwirkung tritt erst nach Beendigung der Betriebsvereinbarung, also nach Ablauf der Kündigungsfrist, ein.

b. Nachwirkung bei echter Mitbestimmung

Kein mitbestimmungsfreier Zeitraum

Aber wie der Gesetzestext schon aufzeigt, gilt diese Nachwirkung nicht für alle Gegenstände, die in einer Betriebsvereinbarung geregelt werden. Das Gesetz unterscheidet nämlich danach, ob der Regelungsgegenstand im Falle einer Nichteinigung zwischen den Betriebsparteien durch den Spruch der Einigungsstelle – also durch das dort geregelte Abstimmungsverfahren – entschieden werden kann. Damit gilt die Nachwirkung einer Betriebsvereinbarung nur in Fällen der **echten Mitbestimmung**. Sie soll in diesen Fällen sicherstellen, dass kein mitbestimmungsfreier Zeitraum entsteht. Hat die Betriebsvereinbarung einen Gegenstand, der nicht der echten Mitbestimmung unterliegt, so gilt die Nachwirkung gerade nicht. Die Regelungen einer Betriebsvereinbarung mit einem **freiwilligen Gegenstand** enden damit mit dem Ablauf bzw. dem Ende der Betriebsvereinbarung.

c. Vereinbarte Regelungen zur Nachwirkung

Das BetrVG geht davon aus, dass die Regelung in § 77 Abs. 6 BetrVG der Regelfall ist. Die Betriebsparteien können in einer Betriebsvereinbarung andere Regelungen über die Nachwirkung verabreden. So können sie zum Beispiel auch bei Betriebsvereinbarungen über freiwillige Leistungen die Nachwirkung vereinbaren.[53] Denkbar ist es aber auch umgekehrt: die Betriebsparteien können die Nachwirkung für Betriebsvereinbarung der echten Mitbestimmung ausschließen.[54] Das setzt aber immer voraus, dass die Regelung, die vom BetrVG abweichen soll, **ausdrücklich die Nachwirkung benennt**. Das ist bei befristeten Betriebsvereinbarungen von besonderer Bedeutung. Will ein Betriebsrat sicher gehen, dass bei einem Gegenstand der echten Mitbestimmung die Nachwirkung bei einer befristeten Betriebsvereinbarung ausgeschlossen ist, so genügt es nicht, nur den Befristungszeitraum zu benennen. Zusätzlich muss auch die Nachwirkung ausgeschlossen werden und aufgezeigt werden, was nach Ablauf der Befristung gelten soll.[55] Will also der Betriebsrat beispielsweise, dass eine Betriebsvereinbarung über die Einführung und Nutzung einer bestimmten Software nicht über die vereinbarte Testphase hinaus gilt, muss der Betriebsrat nicht nur die Testphase regeln, sondern muss ausdrücklich regeln, dass die Betriebsvereinbarung über die Testphase hinaus nicht nachwirkt und die Software nach der Testphase nicht oder nur bei Abschluss einer neuen Betriebsvereinbarung eingesetzt werden darf.

d. Nachwirkung bei teilbestimmten Betriebsvereinbarungen

Sinnvolle und widerspruchsfreie Regelung

Häufig enthalten Betriebsvereinbarungen mehrere Regelungsgegenstände, die teilweise der echten und teilweise der freiwilligen Mitbestimmung unterliegen. In diesen Fällen stellt sich die Frage, ob die gesamte Betriebsvereinbarung nach deren Ende bzw. Ablauf nachwirkt oder nur Teile, nämlich diejenigen, die der echten Mitbestimmung unterliegen. Diese Frage wird von der Rechtsprechung des Bundesarbeitsgerichts dahingehend beantwortet, dass für den Fall, dass die Betriebsvereinbarung zur Nachwirkung keine Regelungen enthält, grundsätzlich nur diejenigen Regelungen nachwirken, die der **echten Mitbestimmung** und damit dem Grundsatz des § 77 Abs. 6 BetrVG unterliegen. Das wiederum setzt voraus, dass die nachwirkenden Regelungen eine sinnvolle und widerspruchsfreie Regelung enthalten. Führt der Wegfall der freiwilligen Regelungen dazu, dass die weiteren, nachwirkenden Regelungen keinen sinnvollen Inhalt mehr haben, wirkt ausnahmsweise die gesamte Betriebs-

53 BAG 28.4.1998 – 1 ABR 43/97.
54 BAG 6.5.2003 – 1 AZR 340/02.
55 Berg in BetrVG Kommentar, Däubler/Klebe/Wedde (Hrsg.), § 77 Rn. 125.

vereinbarung weiter, und zwar auch diejenigen Teile, die eine **freiwillige** Leistung beinhalten.[56]

Beispiel:
Enthält eine Betriebsvereinbarung zur Arbeitszeit und Schichtarbeit, die besonders belastende Schichten vorsieht und darüber hinaus dazu führt, dass ein Großteil der Urlaubstage auf Grund von Betriebsschließungszeiten durch den Betrieb verplant sind, und sieht diese Betriebsvereinbarungen deshalb freiwillige Schichtzulagen vor, um diese besonderen Erschwernisse auszugleichen, so wirken alle Regelungen der Betriebsvereinbarung nach. In diesem Fall sind die Schichtzulagen erkennbar für die besonderen Belastungen des Schichtmodells sowie der damit verbundenen verplanten Urlaubstage geknüpft. Auch wenn diese als freiwillige Leistung anzusehen sind, wirken sie in diesem Fall nach, weil sie mit dem Arbeitszeit- und Schichtmodell eng verbunden sind und das Schichtmodell ohne diese Zulagen nicht durchführbar wäre.[57]

---

56 BAG 10.12.2013 – 1 ABR 39/12; 9.7.2013 – 1 AZR 275/12; 26.8.2008 – 1 AZR 354/07.

57 BAG 9.7.2013 – 1 AZR 275/12.

XII. Vorbereitung der Verhandlung zu einer Betriebsvereinbarung

Gleichgültig, ob die Initiative für den Abschluss einer Betriebsvereinbarung vom Betriebsrat oder vom Arbeitgeber ausgeht, muss der Betriebsrat immer gut vorbereitet in die Verhandlungen gehen. Er sollte sich nicht unter Zeitdruck setzen lassen. Der Grundsatz für das Vorgehen muss immer heißen: **wir verhandeln so gut wie möglich, nicht so schnell wie möglich!** Der Betriebsrat sollte immer bedenken, dass es in den allerwenigsten Fällen einen echten Zeitdruck gibt, der den Abschluss einer Betriebsvereinbarung zu genau diesem Zeitpunkt erforderlich macht.

1. Erster Schritt: Festlegung der Ziele

Was soll sein? Was soll nicht sein?

Wenn dieser Grundsatz ernst genommen wird, ergibt sich hieraus auch das Vorgehen des Betriebsrats. Als erstes muss der Betriebsrat sich positionieren und unabhängig von rechtlichen Fragestellungen seine Ziele, die mit der Betriebsvereinbarung verfolgt werden, bestimmen und festlegen. Hierzu gehört, zu bestimmen, für wen die Betriebsvereinbarung gelten soll, und welche Inhalte und Regelungen vereinbart werden sollen. Dazu gehört umgekehrt auch, zu bestimmen, welche Regelungen und Inhalte auf keinen Fall akzeptiert werden. Es gilt also nicht nur, die Ziele zu bestimmen, sondern auch das festzulegen, was der Betriebsrat **nicht** akzeptieren kann und will.

2. Zweiter Schritt: Informationsbeschaffung

a. Rechtlicher Rahmen

Der nächste Schritt ist dann, Informationen zusammenzutragen, die für die Verhandlungen der Betriebsvereinbarung wichtig sind. Dazu gehört einerseits der rechtliche Rahmen:

- Welche Regelungen gelten derzeit im Betrieb?
- Gibt es gesetzliche Regelungen, die zu beachten sind?
- Gibt es einen Tarifvertrag, der Regelungen enthält, und gilt dieser im Betrieb?
- Wenn kein Tarifvertrag gilt, entfaltet ein solcher dennoch Wirkung über den Tarifvorbehalt?
- Enthalten die Arbeitsverträge der Beschäftigten zu diesem Thema Regelungen, und wenn ja, welche?

b. Tatsächliche Gegebenheiten

Mindestens genauso wichtig ist es auch, Informationen über tatsächliche Gegebenheiten im Betrieb zusammenzutragen:

- Für welche Beschäftigten sollen die Regelungen gelten?
- Welche tatsächlichen Beschäftigungsbedingungen herrschen dort?
- Gibt es aus dem Kreis der Beschäftigten Vorstellungen und Wünsche, die berücksichtigt werden können und müssen?
- Sind Besonderheiten gegeben, gibt es in einem Bereich vielleicht eine besonders hohe Zahl an Beschäftigten, die in Teilzeit arbeiten oder die gesundheitliche Einschränkungen haben? Müssen hierfür eigene oder besondere Regelungen geschaffen werden?

c. Informationsquelle

Interne und externe Quellen

Zu diesem Schritt gehört ebenso zu überlegen, wo der Betriebsrat die für ihn wichtigen Informationen beschafft. Klar können die Betriebsratsmitglieder mit den Beschäftigten direkt sprechen oder Mitarbeiterbefragungen durchführen. Die Betriebsratsmitglieder selbst sind Teil der Belegschaft und haben direkten Kontakt zu ihren Kolleginnen und Kollegen, so dass hier ein direkter Draht zur Belegschaft gegeben ist, der genutzt werden kann und soll. Schwieriger ist es, die Informationen über den rechtlichen Rahmen zu organisieren. Hier gilt es zu überlegen, ob und welche themen- und fachbezogene **Betriebsratsschulungen** von welchen Betriebsratsmitgliedern besucht werden sollen. Es bietet sich an, zu überlegen, den oder die betreuende **Gewerkschaftssekretärin** hinzuziehen, um die tarifvertraglichen Regelungen mit berücksichtigen zu können. In vielen Themen braucht der Betriebsrat auch **fachlichen Sachverstand**, also z. B. einen technischen Sachverständigen bei der Einführung einer neuen Software, einen im Gesundheitsschutz versierten Sachverständigen bei der Durchführung einer Gefährdungsbeurteilung oder einen juristischen Sachverständigen für diverse rechtliche Aspekte. Hier muss der Betriebsrat überlegen, mit wem er das Thema gemeinsam vorantreiben will. Dabei sollte nicht nur auf Fachkompetenz in der jeweiligen Frage geachtet werden, sondern unbedingt darauf, dass die Sachverständigen **arbeitnehmerorientiert** arbeiten und die Belange der Beschäftigten gut einschätzen können. Diese Sachverständigen können schon im ersten Schritt, also im Rahmen der Erarbeitung und Festlegung der Ziele des Betriebsrats eingebunden werden.

3. Dritter Schritt: Erarbeiten einer Verhandlungsstrategie

a. Verhandlungsteam festlegen

Ganzes Gremium oder kleinere Gruppe

Erst wenn die Ziele des Vorgehens festgelegt sind und alle Informationen vorliegen, sollte der Betriebsrat in die Verhandlungen eintreten. Hierzu muss eine Verhandlungsstrategie erarbeitet werden. Dazu gehört zunächst zu vereinbaren, wer für den Betriebsrat die Verhandlungen führt. Soll dies das ganze Gremium sein oder wird eine Verhandlungsgruppe gebildet? Wenn eine Verhandlungsgruppe gebildet wird, wie setzt sie sich zusammen? Hier ist es immer ratsam, diejenigen Betriebsratsmitglieder zu benennen, die ohnehin das jeweilige Thema bearbeiten und etwa Mitglieder in einem entsprechenden Ausschuss sind. Wichtig ist auch die Rolle der Externen zu definieren. Soll/en der oder die Sachverständigen in den Verhandlungen persönlich anwesend sein? Falls ja, wie aktiv sollen sie sein? Hier sollte darauf geachtet werden, dass die Externen nicht die einzigen sind, die sprechen, sonst entsteht leicht der Eindruck, dass nicht der Betriebsrat verhandelt und seine Positionen vertritt, sondern die Verhandlungen von den Externen bestimmt sind.

b. Strategie festlegen

Neben der Festlegung des Verhandlungsteams sollten ebenfalls die tatsächlichen Verhandlungsstrategien vereinbart werden:

- Mit welchen Forderungen geht der Betriebsrat in die Verhandlungen?
- Bei welchen Forderungen sieht der Betriebsrat Verhandlungsmöglichkeiten?
- Wann werden Verhandlungsmöglichkeiten aufgezeigt und offenbart?
- Wer im Verhandlungsteam übernimmt welche Rolle?
- Wie sollen die Beschäftigten in die Verhandlungen einbezogen werden?
- Wie sollen Zwischenstände mit dem Betriebsrat und der Belegschaft beraten werden?

Vereinbarungsentwurf fertigen

Hierzu gehört zudem die Frage, ob der Betriebsrat einen Entwurf einer Betriebsvereinbarung fertigt und wie dieser konkret aussieht. Wird ein Entwurf gefertigt, stellt sich die Frage, wer diesen formuliert. Es stellt sich weiter die Frage, wie der Entwurf in den weiteren Verhandlungen verändert wird, ob der Betriebsrat die Aufgabe der weiteren Formulierungen übernimmt oder ob dies dem Arbeitgeber überlassen bleibt.

! **Wichtig ist immer, sich in allen Schritten ausreichend Zeit zu nehmen, die jeweils anstehenden Themen gründlich zu durchdenken und zu bearbeiten. Dann ist der Betriebsrat gut gerüstet für erfolgreiche Verhandlungen! Es kann losgehen – viel Erfolg!**

Anhang 1
Merkliste zu Zustandekommen und Form einer Betriebsvereinbarung

- Der Abschluss einer Betriebsvereinbarung setzt immer einen Beschluss des gesamten Betriebsratsgremiums voraus. Eine Ausnahme gilt nur beim Spruch einer Einigungsstelle.
- Die Betriebsvereinbarung ist von der oder dem Vorsitzenden des Betriebsrats und vom Arbeitgeber eigenhändig zu unterschreiben oder bei Wahl der elektronischen Form qualifiziert zu signieren.
- Die Unterschriften müssen auf demselben Schriftstück, also auf derselben Urkunde, erfolgen. Wird die elektronische Form gewählt, muss dasselbe elektronische Dokument die qualifizierte Signatur von beiden Betriebsparteien enthalten.
- Am leichtesten ist es, alle Seiten der Betriebsvereinbarung zusammen zu heften, dann entsteht eine einheitliche Urkunde.
- Geschieht dies nicht, wird also keine einheitliche Urkunde hergestellt, so muss darauf geachtet werden, dass erkennbar ist, aus wie vielen und welchen Seiten die Betriebsvereinbarung besteht.
- Werden Anlagen mitvereinbart, muss erkennbar sein, dass diese Teil der Betriebsvereinbarung sind. Werden sie nicht mit der Betriebsvereinbarung zusammengeheftet, müssen sie ebenfalls von beiden Betriebsparteien unterschrieben werden.
- Es sollten immer mindestens zwei Originalexemplare der Betriebsvereinbarung erstellt werden.
- Kommt die Betriebsvereinbarung durch einen Spruch der Einigungsstelle zustande, braucht es keinen Beschluss des Betriebsratsgremiums. Dann muss die Betriebsvereinbarung nicht durch den Betriebsrat unterzeichnet werden, sondern diese wird von der oder dem Vorsitzenden der Einigungsstelle unterschrieben und anschließend dem Betriebsrat und dem Arbeitgeber zugestellt. Der oder die Vorsitzende kann auch die elektronische Form wählen und das (elektronische) Dokument mit der personalisierten qualifizierten Signatur versehen.

Anhang 2
Merkliste zur Wirkung einer Betriebsvereinbarung und Verhältnis zur Regelungsabrede

Wirkung einer Betriebsvereinbarung:

- Die Betriebsvereinbarung gilt **unmittelbar**, d.h. sie muss nicht erst noch umgesetzt werden.
- Die Betriebsvereinbarung gilt außerdem **zwingend**, d.h. der Arbeitgeber muss sie anwenden und darf nicht von ihr abweichen. Er darf die Regelungen nicht dadurch umgehen, dass er mit einzelnen oder allen Beschäftigten Arbeitsverträge abschließt, die schlechtere Regelungen als die Betriebsvereinbarung enthalten.
- Durch die unmittelbare und zwingende Geltung wirkt sie wie ein **betriebliches Gesetz**. Enthält sie Ansprüche für die Beschäftigten, können sich diese auf sie berufen.
- Auf Rechte aus einer Betriebsvereinbarung können Beschäftigte **nicht verzichten**. Ein Verzicht der Beschäftigten ist nur mit Zustimmung des Betriebsrats zulässig. Das setzt einen Beschluss des Betriebsrats im Einzelfall voraus.

Verhältnis zur Regelungsabrede:

- Anders als die Betriebsvereinbarung muss die Regelungsabrede nicht schriftlich erfolgen, sie kann auch mündlich oder per E-Mail abgeschlossen werden.
- Sie wirkt – anders als die Betriebsvereinbarung – nicht unmittelbar und zwingend. Vielmehr verpflichtet sie den Arbeitgeber nur gegenüber dem Betriebsrat. Außerdem muss der Arbeitgeber die Vereinbarung zu ihrer Wirksamkeit noch umsetzen.
- Wegen der eingeschränkten Wirksamkeit bietet sich diese als Form der Vereinbarung mit dem Arbeitgeber nur dort an, wo die Ausgestaltung des Miteinanders zwischen Betriebsrat und Arbeitgeber geregelt werden soll.

Anhang 3
Merkliste zum Geltungsbereich

- Persönlich gelten Betriebsvereinbarungen für alle Beschäftigte, die der Betriebsrat vertritt. Das sind alle Stammarbeitnehmer einschließlich der AT-Angestellten, nicht jedoch die leitenden Angestellten.
- Im Einsatzbetrieb gelten die Betriebsvereinbarungen auch für dort eingesetzte Leiharbeitnehmer, wenn diese Regelungen enthält, die die konkreten Arbeitsbedingungen im Entleiherbetrieb gestalten und der Betriebsrat ein entsprechendes Mitbestimmungsrecht hat.
- Der persönliche Geltungsbereich kann durch die Betriebsvereinbarung eingeschränkt werden, aber nur dann, wenn es hierfür sachliche Gründe gibt.
- Der räumliche Geltungsbereich einer Betriebsvereinbarung erstreckt sich auf den Betrieb, für den der Betriebsrat gewählt ist. Gehören zu diesem unselbständige Betriebsteile, gilt die Betriebsvereinbarung auch dort.
- Betriebsvereinbarungen, die der Gesamtbetriebsrat abschließt, gelten für das gesamte Unternehmen, also alle Betriebe, sofern der Gesamtbetriebsrat kraft eigener, so genannter originärer Zuständigkeit handelt. Dann spricht man von Gesamtbetriebsvereinbarungen.
- Betriebsvereinbarungen, die der Gesamtbetriebsrat im Auftrag aller oder einzelner Betriebsräte abschließt, gelten nur in den Betrieben des Unternehmens, in denen der jeweilige Betriebsrat den Gesamtbetriebsrat beauftragt hat.
- Für Betriebsvereinbarungen, die der Konzernbetriebsrat abschließt, gelten die gleichen Grundsätze wie beim Gesamtbetriebsrat: schließt der Konzernbetriebsrat eine Betriebsvereinbarung kraft eigener Zuständigkeit ab, gilt sie in allen konzernangehörigen Betrieben; schließt er sie ab, weil alle oder einzelne Gesamt- oder Betriebsräte ihn beauftragt haben, gilt die Betriebsvereinbarung nur dort, wo es zu einem solchen Auftrag gekommen ist.
- Zeitlich gilt eine Betriebsvereinbarung regelmäßig ab rechtsverbindlicher Unterzeichnung durch beide Betriebsparteien. Kommt eine Be-

triebsvereinbarung durch den Spruch einer Einigungsstelle zustande, tritt sie zu dem Zeitpunkt in Kraft, in dem der Spruch beiden Betriebsparteien zugestellt ist.

- Die Betriebsvereinbarung selbst kann Regelungen zu einem versetzten Inkrafttreten enthalten. So kann die Betriebsvereinbarung festlegen, dass sie erst ab einem zukünftigen Zeitpunkt gelten soll.
- Nur ausnahmsweise kann auch ein rückwirkendes Inkrafttreten vereinbart werden. Dann muss der Grundsatz des Vertrauensschutzes der Beschäftigten beachtet werden. Regelt eine Betriebsvereinbarung Ansprüche der Beschäftigten, darf eine rückwirkende Geltung nicht vereinbart werden, wenn diese Ansprüche bereits entstanden und ausgezahlt wurden.

Anhang 4
Merkliste zu Gegenstand und Grenzen einer Betriebsvereinbarung

Gegenstand:

- Der Betriebsrat kann mit dem Arbeitgeber über nahezu jedes Thema eine Betriebsvereinbarung abschließen.
- Einzige Voraussetzung ist, dass das Thema einen Bezug zum Betrieb und zu den Arbeitsbedingungen hat.
- Themen, die ausschließlich das Privatleben der Beschäftigten betreffen, können allerdings nicht Gegenstand einer Betriebsvereinbarung sein.
- Im Bereich der echten Mitbestimmung dürfen Betriebsvereinbarungen nicht den vollständigen Verzicht des Betriebsrats auf das ihm zustehende Mitbestimmungsrecht zum Gegenstand haben.

Grenzen:

- Durch Regelungen einer Betriebsvereinbarung dürfen die Betriebsparteien die Persönlichkeitsrechte und andere Grundrechte der Beschäftigten, die auch im Arbeitsverhältnis gelten, nicht unangemessen einschränken.
- Durch Betriebsvereinbarungen darf zum Schutz der Grundrechte der Beschäftigten zu keinem Zeitpunkt ein ständiger Überwachungsdruck entstehen. Dies ist insbesondere bei der Einführung und Anwendung von technischen Einrichtungen nach § 87 Abs. 1 Nr. 6 BetrVG zu beachten.
- Die Regelungen einer Betriebsvereinbarung dürfen nicht gegen Gesetze verstoßen, die Regelungen zu Gunsten der Beschäftigten aufstellen. Diese durch die Gesetze aufgestellten Mindestbedingungen dürfen durch eine Betriebsvereinbarung nicht eingeschränkt werden.
- Durch Betriebsvereinbarungen dürfen Regelungen, die Gegenstand eines Tarifvertrags sind, nicht geregelt werden. Diese tarifvertraglichen Gegenstände dürfen nicht Gegenstand einer Betriebsvereinbarung sein, denn dies verstößt gegen den Tarifvorbehalt des § 77 Abs. 3 BetrVG.

- Der Tarifvorbehalt gilt nicht nur in tarifgebundenen Betrieben, sondern auch in Betrieben, in denen ein Tarifvertrag gelten könnte, wenn der Arbeitgeber selbst tarifgebunden wäre. Das ist der Fall, wenn der Arbeitgeber Mitglied in einem Arbeitgeberverband sein könnte. Oder anders gesagt: wenn ein Tarifvertrag nur deshalb im Betrieb nicht gilt, weil der Arbeitgeber nicht im Arbeitgeberverband Mitglied ist.
- In Fällen der echten Mitbestimmung in sozialen Angelegenheiten nach § 87 Abs. 1 BetrVG ist eine Regelung durch eine Betriebsvereinbarung dann nicht möglich, wenn der Betrieb tarifgebunden ist, wenn also im Betrieb tatsächlich ein Tarifvertrag gilt, der den Gegenstand regelt. Gilt in dem Betrieb kein Tarifvertrag, weil der Arbeitgeber nicht tarifgebunden ist oder weil in der Branche keine Tarifverträge existieren, können die Gegenstände des § 87 Abs. 1 BetrVG durch eine Betriebsvereinbarung geregelt werden. Das gilt jedoch nur für die dort genannten Themen. Außerhalb dieses Themenkatalogs gilt die Sperre des Tarifvorbehalts.

Rechtsfolgen bei Nichtbeachtung der Grenzen:
- Betriebsvereinbarungen, die gegen die Persönlichkeitsrechte der Beschäftigten, gegen gesetzliche Vorgaben oder gegen den Tarifvorbehalt verstoßen, sind unwirksam. Das bedeutet, dass die Regelungen keine Gültigkeit haben.
- Eine Teilunwirksamkeit solcher Betriebsvereinbarungen kommt ausnahmsweise nur dort in Betracht, wo die weiteren, gültigen Regelungen eine sinnvolle und in sich geschlossene Regelung darstellen.
- Eine Umdeutung einer unwirksamen Betriebsvereinbarung in eine einzelvertragliche, also arbeitsvertragliche Zusage an die Beschäftigten ist nur ausnahmsweise möglich und setzt immer voraus, dass der Arbeitgeber die Unwirksamkeit der Regelung kannte und deutlich zu erkennen gegeben hat, dass er auf jeden Fall die versprochene Leistung den Beschäftigten gewähren wollte.

Anhang 5
Merkliste zur Durchsetzbarkeit einer Betriebsvereinbarung

- Der Betriebsrat kann in Fällen, in denen ihm eine echte Mitbestimmung zusteht, den Abschluss einer Betriebsvereinbarung verlangen. Will der Arbeitgeber dies nicht, so kann der Betriebsrat dies durch Verhandlungen in einer Einigungsstelle durchsetzen. Kommt auch in der Einigungsstelle eine Einigung nicht zustande, so kann der Betriebsrat einen Spruch der Einigungsstelle verlangen. Gegenstände der echten Mitbestimmung sind vor allem die in sozialen Angelegenheiten gemäß § 87 Abs. 1 BetrVG.
- In anderen Themen kann der Betriebsrat juristisch eine Betriebsvereinbarung nicht durchsetzen. Ihm bleibt aber die Möglichkeit, dies politisch, also durch gute Argumente und geschicktes Verhandeln, voranzutreiben.
- Regelungen in einer gültigen Betriebsvereinbarung muss der Arbeitgeber umsetzen und anwenden. Dies gilt unabhängig davon, ob der Gegenstand der Betriebsvereinbarung ein Gegenstand der echten Mitbestimmung ist oder ein anderer.
- Wegen der zwingenden Wirkung einer Betriebsvereinbarung kann der Betriebsrat vom Arbeitgeber verlangen, dass er diese tatsächlich und so wie vereinbart anwendet. Dies kann er vor dem Arbeitsgericht im Wege des so genannten Durchführungsanspruchs vom Arbeitgeber verlangen und durchsetzen.
- Alternativ zu diesem Durchführungsanspruch steht dem Betriebsrat auch der so genannte allgemeine Unterlassungsanspruch zur Seite, der ebenfalls vor dem Arbeitsgericht durchgesetzt werden kann.
- Welches Instrument – Durchführungsanspruch oder allgemeiner Unterlassungsanspruch – das richtige ist, hängt von den Umständen des Einzelfalls ab und muss dann jeweils entschieden werden.

Anhang 6
Merkliste zu Beendigung und Nachwirkung der Betriebsvereinbarung

- Betriebsvereinbarungen sind in der Regel mit einer dauerhaften Wirkung abgeschlossen.
- Sie enden dennoch nach deren Ablauf.
- Die Beendigung kann grundsätzlich durch eine Kündigung herbeigeführt werden. Die Kündigungsfrist beträgt regelmäßig drei Monate. Sie bedarf keiner besonderen Form, sie kann also auch mündlich oder per E-Mail ausgesprochen werden. Dann muss der Betriebsrat aber auf die Beweisbarkeit achten. Ein Grund für die Kündigung ist nicht erforderlich.
- Eine fristlose Kündigung ist nur ganz ausnahmsweise zulässig.
- Eine Teilkündigung ist regelmäßig ausgeschlossen, sie kann aber in der Betriebsvereinbarung zugelassen werden.
- Die Betriebsvereinbarung kann abweichende Regelungen zur Kündigung enthalten, z. B. eine längere Kündigungsfrist oder einen bestimmten Zeitpunkt der Kündigung, aber auch das Vorliegen von besonderen Voraussetzungen.
- Eine Betriebsvereinbarung kann befristet abgeschlossen werden. Dann endet sie nach Ablauf des Befristungsdatums oder des Erreichens des Zwecks der Befristung.
- Eine Betriebsvereinbarung endet auch, wenn der Regelungsgegenstand entfällt. Das ist der Fall, wenn der Betrieb, die Betriebsabteilung oder die Produktionsanlage, für die die Betriebsvereinbarung abgeschlossen ist, eingestellt wird.
- Eine Betriebsvereinbarung endet, wenn der Regelungsgegenstand nach deren Inkrafttreten in einem Tarifvertrag geregelt wird, da dann der Tarifvorbehalt wirkt.
- Nach Ende der Betriebsvereinbarung wirken die Regelungen nur in Fällen der echten Mitbestimmung nach. In Fragen der freiwilligen Mitbestimmung gilt dies nicht.
- Die Betriebsvereinbarung kann aber von der gesetzlichen Vorschrift abweichende Regelungen enthalten. Es kann bei echter Mitbestim-

mung die Nachwirkung ausgeschlossen werden und umgekehrt bei freiwilliger Mitbestimmung die Nachwirkung vereinbart werden. Solche abweichenden Regelungen müssen sich ausdrücklich auf die Nachwirkung beziehen und dies auch so bezeichnen.

- Bei teilmitbestimmten Betriebsvereinbarungen wirken im Grundsatz nur die Gegenstände der echten Mitbestimmung nach, die freiwilligen entfallen. Etwas anderes gilt nur in den Fällen, in denen die echt mitbestimmten Gegenstände und die der freiwilligen Mitbestimmung so miteinander verzahnt sind, dass bei einem Auseinanderreißen der Betriebsvereinbarung diese ihren Sinn verliert.

Stichwortverzeichnis